21世纪体育系列教材 • 西南区体育教材教法研究会教材编审委员会审定

武 术

WU SHU

主　编　左文泉　肖作洪　杨庆辞
副主编　唐　波　王晓虎　成　英　李冬冬　子莲鹰　刘　涛

北京师范大学出版集团
BEIJING NORMAL UNIVERSITY PUBLISHING GROUP
北京师范大学出版社

图书在版编目（CIP）数据

武术 / 左文泉，肖作洪，杨庆辞主编．—北京：北京师范大学出版社，2011.9（2024.8 重印）
ISBN 978-7-303-13142-6

Ⅰ.①武… Ⅱ.①左… ②肖… ③杨… Ⅲ.①武术－高等学校－教材 Ⅳ.①G85

中国版本图书馆 CIP 数据核字（2011）第 145665 号

教 材 意 见 反 馈 gaozhifk@bnupg.com 010-58805079

出版发行：北京师范大学出版社 www.bnupg.com
北京市西城区新街口外大街 12-3 号
邮政编码：100088
印　　刷：北京天泽润科贸有限公司
经　　销：全国新华书店
开　　本：730 mm×980 mm 1/16
印　　张：13
字　　数：240 千字
版　　次：2011 年 9 月第 1 版
印　　次：2024 年 8 月第 11 次印刷
定　　价：35.00 元

策划编辑：周光明　　责任编辑：周光明
美术编辑：高　霞　　装帧设计：华鲁印联
责任校对：李　菡　　责任印制：陈　涛

西南区体育教材教法研究会理事会成员名单

顾　　问　朱国权（云南民族大学）

理 事 长　姚　鑫（贵州师范大学）

副理事长　陈雪红（楚雄师范学院）
梁　健（红河学院）
文革西（西南民族大学）
刘　炜（贵州大学）
夏五四（贵州民族学院）
郭　颂（贵州民族学院）
孟　刚（贵州师范大学）
张群力（昆明学院）
郭立亚（西南大学）
左庆生（遵义师范学院）

秘 书 长　周光明（北京师范大学出版社）

常务副秘书长　陈兴慧（北京师范大学出版社）

副秘书长　吕金江（曲靖师范学院）
徐　明（西藏民族学院）
鄢安庆（贵阳学院）
王亚琼（黔南师范学院）
朱智红（临沧师专）
汪爱平（遵义医学院）

常务理事　刘　莉（曲靖师范学院）
王洪祥（昆明学院）
关　辉（楚雄师范学院）
刘　云（楚雄师范学院）
王　萍（文山师专）

教材编审委员会

编委会

前言

武术是我国传统民族文化的一个重要组成部分，自新中国成立以后，武术得到了党和国家的高度重视，使这项民族传统体育项目得以健康的发展和继承，同时受到了各民族的喜爱。武术运动不仅蕴藏了丰富的文化内涵，同时对培养人的良好品质和身心健康有着积极的作用。将武术纳入高校体育不仅可以传承优秀的民族传统文化，同时可以作为身体练习的主要手段，可以塑造学生健美体态、培养良好的心理品质，增进学生身心健康。

本教材遵照中华人民共和国教育部颁发的《全国普通高等学校体育教育本科专业课程方案》和《普通高等学校体育教育本科专业各类主干课程教学指导纲要》的精神，进一步深化高校体育教育专业教学改革，坚持继承与创新、改革与发展，坚持实事求是，从本科武术教学实际出发，培养适应素质教育需要的体育人才，突出教学性、实用性、科学性、针对性，使教学对象能适应未来社会的需要。

本教材是由北师大出版社体育教材教法研究会组织专家、教授、专业从业人员经过反复研究讨论，同时听取和征求多所体育院校武术教学工作者的意见后完成修订工作的。

本书包括武术概述、武术教学、武术图解知识与套路创编、武术基本功和基本动作、拳术套路、器械套路、武术防身技法、武术竞赛与裁判法、武术运动医务监督等内容。与以往武术教材相比，本书在武术教学章节增加了武术教学中素质教育的探讨，突出其实用性；所安排的武术套路，是通过对大部分体育院校相关教师进行调查，根据各校武术教学的内容汇编而成；保证了学生课余对教学内容的复习巩固，特别是增加的自卫防身技法一章，从法律的角度解读了防身自卫的法律界定，让学生学有所用的同时，明白相应法律所赋予自己的权利。这些修订使本教材内容更充实，更实用。

参加本教材编写的人员有：左文泉(云南师范大学)、肖作洪(昆明边防武警指挥学院)、唐波(云南红河学院)、王晓虎(云南红河学院)、成英(云南楚雄师范学院)、李冬冬(曲靖师范学院)、子莲鹰（大理学院)、刘涛(黑龙江绥化学院)、姜凤云(大理学院)、张迎波(云南红河学院)、李云清（楚雄师范学院)、高鹏春(曲靖师范学院)、曹艳(大理学院)、李雨衡、彭阳(云南师范大学)、杨庆辞、安林继（保山学院)、王霖(昆明学院)、李景霞、翟兴文、李仲彩、刘娇娇、吕正权、陈晨(云南师范大学)、张志贤。

由于水平有限、加之时间仓促，本教材难免有纰漏之处，恳请各位专家给予批评指正。

体育教材教法研究会(武术)编写小组

2011年4月

目录

Contents

第一章　武术的概述

内容提要

本章根据武术各个历史时期的重大事件对武术的概念进行了相应的辨析，分析讨论了武术的定义、武术的产生与发展，并对武术的内容与分类、武术的特点和作用逐一进行了阐述。

第一节　武术的概念

武术源于我国古代劳动人民的生产、生活，是狩猎和军事搏斗技术与经验的总结。人类早期在与大自然的生存斗争中自觉或不自觉地掌握一些防卫和攻击技能，为武术的形成奠定了基础。“武术”在长期的发展过程中，不同的历史时期有不同的称谓，古籍记载，早期有“武舞”、商代有“拳勇”、春秋有“技击”、汉代有“武艺”等提法。汉代以后，较广泛采用“武艺”一词。

不同朝代，它所涵盖的内容、表现的形式也不尽相同。《淮南子·谬称训》中记载：“禹时三苗叛，三败苗而仍不服”，于是禹改以“执干戚舞于两阶之间，而三苗服”。（大禹时期三苗部族多次反叛，征伐多次未能使之降服。后来，禹停止进攻，让士兵持斧和盾进行操练，请三苗部族的人观看这种“干戚舞”以显示武力雄厚，三苗部族从此臣服）。这是原始社会一次盛大的武术自卫演练。西周时期的武舞，常以模拟战胜对手过程的方式来表达自己喜悦的心情，并以此展示自己的军事实力，炫耀自己取得的辉煌战果。另外，在当时，武舞也常被作为一种搏杀技术的训练方式，并以集体的武舞演练方式来增强军队的士气。此时的武舞，著名的有两种：一种为“象舞”；另一种为“大武舞”。“象舞”是周文王时代的武舞。汉代郑玄说：“‘象’，周武王伐纣之乐，以管播其声，又为之武。”大武舞是对周武王伐纣的战斗历程的描述。“武王伐纣，至于商郊，士卒皆欢乐，歌以达旦，因称之‘武夙夜’。”而《武舞·出征》是一场表现古代楚人尚武精神的舞蹈。这些古代的“武舞”为武术套路的发展奠定了坚实的基础，是武术套路的原始形态。

秦、汉时期，盛行角觝、手搏、击剑等。《汉书·武帝本记》中载："元封三年春，作角觝戏，三百里内皆来观。"曹丕《典论·自序》也十分生动地记述了他与邓展将军谈兵论技，以蔗代剑，相击交手的故事。可见当时的这种竞技运动形式已为群众所喜爱。

"武术"一词最早出现在南朝梁武帝长子萧统与门下文人共同编定的《文选》中，但不具有今天武术概念所具有的含义，文中有诗句为"堰闭武术，阐扬文令"（南朝宋·朱颜年《皇太子释奠会》），其意指停止武战，发扬文治。并非反映今之武术的概念。后人将"武术"一词作为自卫强身之术的专门用语。

明朝魏禧所著的《兵迹》中说："民物相攫而有武矣。""孟冬之月，天子乃命将帅讲武，习射御角力"（《札记》）。当时把射御，角力、手搏、击刺等，泛称为"武"。清末民初时，"武术"一词得以广泛应用。处于半封建半殖民地的近代中国，面对西方文化的冲击，一度出现了提倡"国粹"的思潮，武术被誉为"国术"，与"国画""国货""国乐""国药"等相匹配。

从历史上看，有不少归属武术类的名称，春秋战国时称"技击"；汉代出现了"武艺"一词，并沿用至明末；清初又借用南朝《文选》中"偃闭武术"（当时泛指军事）的"武术"一词；民国时称为"国术"；新中国成立后明确称为"武术"。

"武"在甲骨文中指的是人持戈行进。"术"甲骨文中指道路。本义：城邑中的道路。《辞海》解释"武"字有多个义项，其中前两个义项是：①"泛称干戈军旅之事"；②"勇猛"。《说文解字》中称"术"字为"邑中道也"，后引申为"技艺"，即方法、技术，如同道路是通达目的的手段。实际上，中国字的"武"字，（字面上是战斗），其实是由"止"字（表示"停止"）和"戈"字（意指"矛"）组成的。所谓止戈为"武"。意思是："停止战争"或者"维护和平"。

而从"武舞""技击"到"武艺"，从"武艺"到"武术"，都离不开攻防格斗本质特征。这也意味着要停止战争或维护和平，就必须提高自己的战斗力，使自己拥有控制整个局面的能力。故从古至今，人们都在自己生存的时空范围内不断地寻找提高自己战斗力的方法、手段。这对"武术"也赋予了更新、更深的含义。

中国武术在技击方法上表现得十分丰富多变，有踢、打、摔、拿、击、刺等。

腿法有：勾、踩、弹、蹬、踹、铲、点、撩、挂、拐等；

拳法有：冲、劈、贯、砸、抄、盖、鞭、崩、钻、撩、栽等；

掌法有：劈、砍、削、切、截、推、按、拍、摔、穿、插、挑、抹等。

还有许多勾法、爪法、肘法、桥法以及以身体进攻时用的挤、撞、靠等。

不同的技击法又有不同的劲力要求与技巧变化，各拳种与流派又有各自不同独到的方法与风格，从而形成了丰富多彩的技击体系。

随着西方文化对中国传统体育文化的冲击，武术在中西文化碰撞后实现了从师徒的言传身教方式向学校体育教育转化，并逐步进入到体育比赛之中，武术归宿体育类后，它的健身与竞技功能获得了空前的发展。武术的技击性被寓于体育之中，以演练的形式来提高人的身体素质和攻防技能，进行功力和技巧等方面的较量。

武术与西方体育为中心的现代竞技体育相比，具有自己的特点。西方体育以人体解剖学为依据，遵循人体运动原理，通过科学训练而达到提高运动成绩之目的；而武术则从整体运动观点出发，突出“内外合一”“形神兼备”，注重心、神、意、气与动作的协调配合。竞技武术作为武术运动中的一部分，正在逐步与奥林匹克运动接轨，做到既符合现代体育竞技一般原则，又保留独特的运动形式和方法。

在传统文化背景下成长起来的武术，既是一种独立的文化形态，又是整个传统文化的载体之一。仅仅把中国武术视为一个体育项目、一种专门技能，还远远不能包容和理解中国武术。任何体育项目虽然都具有文化意义，但却没有一个体育项目会像武术那样具有浓郁的民族文化特征，具有武术那么大的文化包容量和负载能力。

中国古代思想文化中的一个重要观念就是，把所有领域的事情，全部纳入做人的视域。在中国古人眼里，无论你技术、知识水平怎么高，如果不以做人为目的，终将是失败者。而武术文化明显地反映了中国文化的这种文化观念、精神、思想。比如强调“武以德立”“德为艺先”，以“仁”为核心注重人际关系和谐的伦理观念；行侠仗义、除暴安良反映了刚健有为、入世进取、匡扶正义、不畏强暴的爱国主义精神；主张“轻力”“尚巧”、以巧智取、顺势借力的技击原则，反映中国人礼让为先、有理有节、刚强而不狂野、功力扎实求内在的竞争特点，以及崇尚自然、体现“天人合一”的思想；追求个人技艺的纯熟，开发内在潜力，不断超越自我等。

中国武术在长期发展的历史长河中，结合自身的特点不断吸取其他文化形态的精华完善自己，在传承中国传统文化的同时使自己也发展为一种独立的优秀文化形态。中国武术之所以能称为武术文化，不仅在于它的广博的内涵、多元的功能，还在于它的强大的生命力和独立性。尽管历史上曾遭外敌入侵以及多次“禁武”的厄运，武术却都没有因此而消亡；它与多种文化形态并存，乃至相互渗透和影响，却没有被同化、被改变，显示出它具有的文化延续能力和独立完整的文化体系。

综上所述，武术的定义可概括为：是以中国传统文化为理论基础，以攻防技击为主要技术内容、以功法运动、套路演练和搏斗对抗为主要运动形式、注重内外兼修的一类特殊的民族传统体育项目。

第二节　武术的产生与发展

武术被视为我国优秀传统文化的代表，其产生和发展积淀了中华民族文明的众多元素。它的产生，可追溯到我国远古祖先的生产劳动，原始人类在极其艰苦的环境条件下生存，为了获取食物和保护自己，在狩猎的过程中，不仅要靠拳打、脚踢、躲闪等徒手与野兽搏斗，还拿起了石头，木棒与野兽抗争，在漫长的实践过程中逐渐积累了劈、砍、刺的低级格斗动作，这些格斗动作虽说还没有脱离生产技能的范畴，但已被众多学者定位为武术形成的物质基础。

商周时期，由于冶铜业的出现，加之剧烈的军事斗争，促使武器不断改进。“射箭”当时除了作战、狩猎外，已成为了当时列入教育内容的“六艺”之一，并有了比赛的形式，而“武舞”则是武王伐纣前夕用来训练士兵，鼓舞士气最常用的方法。这些方法被以后的武术套路所借鉴。

春秋战国时期，是我国封建制度逐渐形成发展的时期，也是个急剧变革的时代。频繁的战争增加了短兵相接的机会，技击术在战场中的运用更为突出。春秋初期，管仲在齐国便面向全国招募“拳勇股肱之力，筋骨出众者”；齐恒公春秋两季还举行全国性的比武较力的“角试”，以选拔天下武勇之人。

这一时期，随着生产力的发展，铁器的使用使得锻造工艺突飞猛进，当时不仅盛行击剑，文人佩剑也蔚然成风，剑客、剑士、剑家也相继出现，从而推动武术的剑术项目步入宫廷和民间。至此，军事技术与民间武术并行不悖的格局也已逐步形成，并开始了渐进的发展。

在文化的交融中，这一时期出现了以动健身的养生思想，提出了“静养”形练气、“动养”注重形体锻炼的不同主张。特别是《黄帝内经》的出现，开始形成了注重整体、强调精气、平衡阴阳的保健思想。

秦汉三国时期，是中国封建社会的鼎盛时期，由于人民较长时间处于相对安定的状态，各种娱乐活动相继出现，特别是“宴乐兴舞”的兴起，武术的发展分成两大类：一类是具有攻防格斗作用实用性较强的技击动作，它紧密地围绕军事技术的发展而发展；另一类则是适应时代的需要，专门在各种宴会上进行娱乐表演，这种表演的套路技术，便是后来武术套路运动的雏形。至此，军事技术与民间武术并行不悖的格局也已逐步形成，并开始了渐进的发展。

两晋南北朝时期，由于玄学、道教的影响，官僚追求长生不老之术。养生理论和炼养功法有了很大发展，道教的内丹术功法日渐成熟。道教提出的炼养精、气、神思想，所谓炼精化气，炼气化神等对后来的武术都产生了很大的影响。同时，这一时期对武术技巧、速度、耐力、力量诸方面均有严格的要求。“引疆彻札，戈铤剑戟，便于利用挺身捕虞，搴旗斩将，堪陷阵者；矫捷若飞，窬城越堑，出入无形，堪窥战者；往返三百里不及暮至者；破格舒钩或及六百斤行五十步，四百斤行百步者”为当时的选士标准。

进入唐朝，剑术逐渐在战场上消退，众多的文人及民间艺人开始习练剑术。剑术的发展遍及朝野、文人、武将、妇女、道家等。其表演艺术的发达，使剑术演练技巧发展到很高水平。裴将军的剑术独冠一时，与李白的诗歌，张旭的草书并称唐代三绝的美誉。这一时期设立的“武举制”更是对武术的发展起了极大的促进作用。

宋元时期，其商业经济活跃，市民尚武风气日盛，民间出现了各种各样传习武术的群众组织，如《宋史·兵志》记载的“弓箭社”“英略社”“锦标社”等。推动了民间市民武术文化的兴起，商业化的习武卖艺蓬勃发展起来，这些按规定动作进行的套路化武艺，丰富了民间武术大舞台。总之，宋元时期古代武术的发展形成了一定的规模体系。不仅有套路武艺的较大发展，还出现了打擂比武的“露台争霸”等。武术形式呈现出更加多样化的特点，并沿着自身的规律不断向前发展。

明清时期，是中国武术发展的一个重要时期，在全国范围内形成了诸多风格不同的武术流派，拳种纷呈，不同风格的拳术，器械有了空前的发展，十八般武艺有了具体的名称和内容。这时的武术与传统养生理论和方法等有了进一步的结合，在此基础上，太极拳、八卦掌、形意拳等一些非常注重“内外合一，形神兼备”的新拳种出现并迅速发展。同时，这一时期武术理论体系也在发展中得以初步形成，出现了《武编》《阵纪》《纪效新书》《练兵实记》等武术专著。

1840 年鸦片战争的炮火震撼了中国，几千年以来用于军阵厮杀的冷兵器“武术”逐渐地退出了战争舞台。20 世纪初，清朝废止“武举制”，试图以“西法练兵”，寻求救国救民的途径。相继出现了严复的“自强”“保种”思想。康有为的“仿洋改制”及谭嗣同学习“西洋体操”的主张等均未治愈“国弱民弱”的沉疴。

中国资产阶级民主革命的代表孙中山先生认为“体育”关系到强种保国和民族盛衰，提出了“自卫之道”和“尚武精神”。

在这种“强种强国”意识形态的影响下，众多的武术组织和社会团体油然而生。1910 年在上海成立的“精武体育会”便是中国近代最有影响力的社会武术团体之一。

1911 年全国武术名家联合创编了《中华新武术》一书，借鉴了西洋兵式体操的教练方式，以传统武术拳技和摔跤术等为素材，采取中西融合的做法，编成了新式武术教本。1911～1918 年，《中华新武术》教材先后被定为军警必学之术，列为全国各中、高学校的教学内容，由此可以看出它在当时中国的影响和作用。

1928 年成立的“中央国术馆”是属于国民党南京政府的一个权威武术机构，在当时社会上有较大的影响。1933 年武术被列为民国时期第 5 届全国运动会男女竞赛项目。并对武术竞赛条例和细则的进行了初步的规范，使武术摆脱了旧有的较技方式，逐步向体育竞赛接轨。

随着“中央国术馆”在南京成立，相继在 24 个省市建立了武术馆达 300 余所，1936 年中国武术代表团首次赴柏林参加奥运会表演，受到国外友人的赞赏。

中华人民共和国成立以后，武术成为社会主义文化和人民体育事业的一个重要组成部分，1950 年中华全国体育总会召开了武术座谈会，1953 年在天津以武术为主举行了全国民族体育的表演和竞赛大会，1954 年，各地体育院系开始把武术列为正式课程。1956 年中国武术协会在北京成立，1957 年国家体委将武术正式列为体育竞赛项目，举行了全国性的武术比赛和表演。1958 年，国家体委制定了第一部《武术竞赛规则》，并编定了拳、刀、剑、枪、棍五种竞赛规定套路。

为了武术这一宝贵的文化遗产得到继承和发展，1984 年由国务院批准，设立了武士硕士学位，1985 年 1 月，国家体委颁布和实施的武术运动员技术等级标准，将运动员分为武英级、一级武士、二级武士、三级武士、武童 5 个等级，为响应国务院批准的将武术推向世界的指示，同年 8 月在西安古城举办了首届国际武术邀请赛，并成立了国际武联筹委会；1987 年在日本横滨举行了第一届亚洲武术锦标赛，标志着武术已正式成为国际比赛项目，1988 年亚奥理事会正式通过了将武术列为亚运会的比赛项目，1990 年北京亚运会上，武术正式由单项比赛成为国际综合性运动会的比赛项目，并于同年 10 月在北京成立了国际武术联合会；为适应武术发展和全民健身的需要，1996 年国务院批准设立武术博士学位，1997 年 12 月 30 日，设立武术段位制，这一切标志着武术已在亚洲扎下了深厚的根基，同时得到了世界人民的初步认可。

2000年全国武术训练工作会议提出了“突出竞技特点，提高艺术水平，鼓励发展创新”的新指导思想。第9届全运会以后，国家体育总局武术运动管理中心在工作总结中指出“武术若要成为奥运项目，规则必须简化，易于操作”，2003年出台了试验中的新规则，“力争使武术竞赛规则更加科学，更符合奥林匹克运动的要求，为争取竞技武术进入奥运会创造条件”。为了向世界推广武术，国家体委组织专家编制出版了长拳、刀、枪、剑、棍、太极拳、太极剑、推手、南拳、南刀、南棍以及陈式、杨式、吴式、孙式和武式太极拳等各种竞赛规定套路，还举办了各类学习班，选派教练员援外推广这些竞技套路。随着国际性、世界性武术竞技运动发展的需要，我国多次举办了国际武术教练员和国际武术裁判员学习班，为各国、各大洲武术组织培养了一大批骨干，为竞技武术推向世界奠定了基础。

这一切表明武术已经不满足于已有的成就，作为优秀民族文化的武术，成为世界奥林匹克的竞赛项目是目前乃至今后较长时期内中国武术界各职能部门的工作重点和努力方向。

第三节　武术的内容与分类

武术运动历史悠久，内容极为丰富，种类繁多，为了便于教学，现按其运动形式，将武术分为以下三大类。

一、功法运动

武术有句谚语：“练拳不练功，到老一场空”，可见练功的重要。武术流派虽说众多，各流派的技术要求也不尽相同，但功法运动均以中医理论的经络学说为依据，根据各自的技术要求而进行相应的练习方式，其目的有的是为了增强功力，有的是为了增强抗击打能力。常见的有“桩功”“拍打功”“各类内功”“轻功”等。“桩功”“拍打功”在武术教学中比较常用，但内功、轻功由于其技术要求比较复杂，加之如不得法便会产生不良的后果，故在武术教学中几乎不列为教学内容。

二、套路运动

套路运动是武术运动的主要形式，它是以技击动作为素材，遵循各种矛盾运动的变化规律而编成的一整套的练习形式；内容极其丰富，按练习形式又可分为单练、对练和集体演练三种类型。

（一）单练

单练指的是练习者根据练习内容要求独自完成套路的练习方式，分为拳术和器械两大类。

1. 拳术

拳术的种类很多。主要有长拳、南拳、太极拳、形意拳、八卦掌、八极拳、通臂拳、劈挂拳、翻子拳、象形拳、地躺拳、戳脚等百余种。

(1) 长拳：是武术运动中的主要拳种，武术竞赛的主要项目之一，流派众多，据不完全统计有查拳、华拳、炮拳、洪拳、少林拳等十多种。各流派的技术原理大致相同，是一种姿势舒展、动作灵活、快速有力、节奏鲜明的拳术。

练习长拳对肌肉和韧带的柔韧性，弹性都有较高的要求，因而，经常练习长拳可发展肌肉和韧带的柔韧性及弹性，另外，由于长拳运动动作幅度较大，完成时速度较快，经常练习可提高心脏血液循环系统和呼吸系统的机能。

(2) 南拳：是武术运动中的主要拳种，武术竞赛的主要项目之一，其拳势刚烈、步法稳固、腿法较少，常鼓劲而使肌肉隆起，以发声吐气助长动作发力。因原来主要流行于我国长江以南的广东、广西、福建、湖南、湖北、四川、江西、浙江等南方各省及东南亚各国，故而称为南拳。

(3) 形意拳：是武术运动中的主要拳种，流派十分复杂，古时又称“心意拳”“行意拳”“六合拳”“心意六合拳”等，是一种以三体式为基本姿势，以劈、崩、钻、炮、横为基本拳法，模仿和吸收了龙、虎、蛇、马、猴、鸡、燕、熊、鹰、鹞等十二种动物的形态和技能特长所编制的拳术。

(4) 八卦掌：是武术运动中的主要拳种，古时又称为“转掌”，是一种以摆扣步走转为主的拳术，据记载为董海川所创。

(5) 太极拳：是我国武术运动中著名的内家拳种之一，武术竞赛的主要项目之一，目前流行较为广泛且运动特点比较显著的有五大派，即陈式、杨式、吴式、孙式、武式。其中陈式太极拳是最古老的太极拳，太极拳的共同特点是：动作路线处处带有弧形，运动连绵不断，由于练习太极拳时非常强调体松与心静，故经常练习可对中枢神经系统、呼吸和心血管系统，消化系统都有良好的医疗保健作用。

(6) 象形拳：是模拟各种动物的特长和形态的拳术，如鹰爪拳、螳螂拳、猴拳、蛇拳等。

2. 器械

武术器械内容十分丰富，分为短器械、长器械、双器械、软器械、暗器械。本书主要介绍短器械之刀和剑；长器械中的枪和棍。

(1) 刀术：是武术主要竞赛项目，以缠头裹脑为主要动作，以劈、砍、撩、挂、刺为基本刀法，配合各种步型、步法及腾空动作组成的套路练习，其特点是：勇猛快速，威武雄健。

（2）剑术：是武术主要竞赛项目，以劈、刺、点、崩等剑法结合各种步型、步法及腾空动作组成的套路练习，分为长穗剑、短穗剑、双手剑，其特点是：刚柔相济、吞吐自如、身灵步活。

（3）枪术：是武术主要竞赛项目，以拦、拿、扎为主要动作，加上劈、崩、穿、缠、舞花等枪法配合各种步型、步法及腾空动作组成的套路，其特点是：枪扎一条线、势如游龙。

（4）棍术：是武术主要竞赛项目，以劈、扫、撩、挑、戳、舞花等棍法为主，配合各种步型、步法及腾空动作组成的套路，其特点是：棍使两端，横打一片，气势猛烈。

（二）对练

对练是指两人以上按照固定套路进行攻防格斗的假设性实战练习，包括徒手对练、器械对练、徒手与器械对练等。

1. 徒手对练：是以徒手的踢、打、摔、拿等攻防技术组成的套路练习。

2. 器械对练：是以器械的各种攻防技术组成的套路练习。

3. 徒手与器械对练：是一方以拳术，另一方以器械运用各自的攻防技术而组成的套路练习。

（三）集体演练

集体演练是六人或六人以上徒手、器械或徒手与器械的集体演练。

三、对抗性运动

对抗性运动是两人在一定条件下，按照一定的规则，运用攻防技术，进行的对抗搏击，现行开展的有散打、推手、短兵三项。

第四节　武术的特点与作用

一、武术的特点

1. 独具特色的技击性

武术无论是散手搏斗还是套路演练，由于其动作都具有攻防含义，构成了它独具特色的技击性，它不像拳击运动那样主要表现为上肢的攻防对抗，也不像自由体操动作那样不讲攻防，而组成武术套路的踢、打、摔、拿等动作都有各自不同的技击特点和攻防规律，攻中的防，防中的攻，攻防兼备，体现武术动作技击性的多部位，多角度，多方向，多变化的特点；另一方面，不同流派的武术其技击方法也各不相同，可谓百花齐放，百家争鸣。

2. 内外合一，形神兼备的统一性

内外合一，形神兼备的练功方法是武术运动的又一大特点。所谓内，指的是心、神、意、气等内在的心志活动和气息运行；所谓外，指的是手、眼、身、步等外在的形体运动。内与外，形与神是相互联系和统一的整体，既要求内外合一，又讲究形体规范，精神专一。这是武术区别于其他体育项目的根本所在。

3. 广泛的适应性

由于武术内容十分丰富，形式多样，不同的拳术和器械有着不同的动作结构，技术要求，故而不受年龄、性别、时间、季节、场地和器材的限制，人们可根据自己的情况和需要选择合适的项目来进行锻炼。

二、武术的作用

武术的作用取决于武术本身的特点和社会的需要，可归纳为以下五个方面：

1. 强身健体

古往今来，武术一直是中华民族自强不息精神的重要体现，由于武术的运动方法特殊，外可以活动身体肌肉、韧带、关节，内可调理五脏六腑，疏通经络，尤其是武术的许多功法都注重调息行气和意念活动，对调节人体内环境的平衡，调养气血，改善人体机能，增强体质都有十分积极的意义。

2. 自卫防身

经常进行武术的套路练习，不但能增强体质，还可提高身体的灵活性和反应能力。通过对抗性动作的练习可掌握各种攻防的技击方法，提高防身御敌的能力。

3. 提高人格修养

“未曾学艺先学礼，未曾习武先习德”一直被视为习武者的行为规范和准则。通过练武习德，可以培养尊师重道，讲礼守信，见义勇为，不凌弱逞强等良好的心理品质和道德情操，对构建当今和谐社会，提高人格修养均有着积极的现实意义。

4. 医疗保健

长期进行武术锻炼可防治很多慢性疾病已成不争的事实，特别是武术运动中的太极拳、八卦掌、形意拳及各种桩功，对动作、呼吸、意念均有一定的要求，保健气功中称动作、呼吸、意念为“三调”，通过“三调”的锻炼，可调理脏腑，疏通经络，尤其是武术的许多功法的调息行气和意念活动，对调节人体内环境的平衡，调养气血，改善人体机能，均有良好的医疗保健作用。

5. 娱乐观赏

武术运动具有很高的观赏价值。套路运动动迅静定的节奏美；踢、打、摔、拿等攻防技术的巧妙结合扣人心弦；“内外合一、形神兼备”的和谐统一所表现出的武术神韵更是引人入胜。对抗中双方激烈的争夺，精湛的攻防技能，敢打敢拼的斗志，更是给人们带来了强烈的视觉震撼和精神的冲击，极大地丰富了人们的文化生活。

>>> 练习与思考

一、名词解释：

1. 中华武术
2. 套路运动
3. 对练
4. 三体式

二、问答题：

1. 试述武术的特点和作用。
2. 试述武术形成的物质基础。
3. 试论古代武术的任务与现代武术的任务有什么不同。

第二章　武术教学

内容提要

本章围绕武术教学的特点、武术教学的方法及运用逐一进行了阐述，同时根据目前素质教育的精神，重点安插了武术教学中素质教育探讨一节供大家分析讨论。

第一节　武术教学的特点、阶段与步骤

一、武术教学的特点

武术教学除了具有体育教学的一般特点之外，还具有本身独立的特点，其特点有三。

（一）注重直观教学，以领做为主

武术运动项目繁多，各个项目又有着各自不同的运动特点及运动方法，特别是武术特有的神韵，用言语很难准确地表达到位。加之不同风格的套路每一套都有数十个动作，且方向路线变化较多，往返折叠，左旋右转，路线复杂，有时一个动作包含多种因素，既有精神意气的内在统一，又有手、眼、身、步的协调配合，这给学生学习和掌握套路带来一定的困难。因此，在教学中注重直观教法的应用，教师多以领做为主，并要借助电化教学的演示来辅助教学，为学生提供较多的模仿，观察机会，以便尽快地学会和掌握动作。

（二）强调动作规格，突出劲力和风格

教学中，当学生已弄清动作的往返路线之后，教师就须进一步要求动作做到工整、准确，强调外形动作符合规格。同时还要突出劲力要求，如果学生的动作仅符合规格而无力，则表现不出武术的技击特点，因此，练习中要强调招势的速度和力量，并且不断提高要求，使其达到劲足力顺。

此外，武术套路内容丰富，各种拳械的演练技巧和风格等差异很大，教学中教师要对所学套路的风格、特点进行分析讲解，提出要求，逐步引导学生掌握其演练技巧和方法。

（三）结合攻防动作进行讲解示范

武术套路主要以技击动作为素材，故在套路教学中，一方面，教师要结合攻防技击动作进行讲解示范，使学生明确动作的用法，加深对动作起止点和着力点的理解，从而加速对动作的掌握，提高学习的兴趣。另一方面，通过技击方法的分析讲解，可以培养学生的攻防意识，在演练过程中学生才能够按照武术运动的规律，表现出动作的攻防意向和方法。

二、武术教学阶段的划分

根据人的认识规律和武术技术动作的特点，分阶段进行教学。能使学生有顺序地、连贯地、系统地学习和掌握武术的知识与技能。一般划分为以下四个阶段。

第一阶段：进行武术的基本功、基本动作、组合动作和拳术套路的教学。

第二阶段：在巩固第一阶段的基础上，学习和掌握刀、枪、剑、棍等器械套路，及具有代表性的对练套路，掌握其动作方法、技法、特点等规律。

第三阶段：学习不同风格的传统拳，传统器械以及散手技术等，同时还要理论传授同步跟进，以扩大知识面和指导技术的提高。

第四阶段：选项提高。在全面掌握的基础上，根据学生的个人技术特点，发挥所长，选择适合自己的1～2个项目进行专门提高。

以上四个教学阶段的划分是现在及以前很长一段时期内武术教学普遍遵循的一个教学规律，是长期武术教学经验的总结，对系统地了解和掌握武术的技能和技术具有重要的指导意义。

然而，由于学校武术教学时数有限，不可能在短时间内完成众多武术项目的教学。为此，我们倡导在高等体育院校的武术教学中改变传统的教学内容和模式，根据年轻人的心理特点，以人类的竞争天性为根据，以武术的攻防技击为基点进行形式创新，开发传统武术的社会价值，提倡和平前提下的“尚武”精神，创造新的文化性的社会实际发展模式，焕发武术文化的生命力。在传统的武术套路课中增加一些简单易行的防身技能，再辅以合理的“起于礼，止于礼”的外在的礼仪规范，不但可提高广大学生对武术学习的兴趣，更重要的是可以共同达到内外兼修的武德培养目的。从而提升广大学生的顽强、果断、自信、坚毅以及吃苦耐劳的意志品质，增强民族凝聚力。同时，利用现代教育教学理论研究开发出新的武术文化教育模式及内容，打造新时代的武术文化品牌。

三、武术教学的步骤

武术项目众多，即便是教学大纲规定的教学内容其数量也相对较多，每个动作又包含着方向路线，架式结构、劲力、方法、停歇顿挫、意气神韵等要素。为了有步骤地使学生了解和掌握所学动作的完整性，依据运动技能形成的运动规律，我们将武术教学分为以下几个步骤。

第一步：弄清动作的方向路线，初步建立完整的动作概念（泛化阶段）。

武术教学的开始阶段，主要是在教师的指导下使学生建立动作的初步概念。教师通过缓慢的领做，简练的讲解，让学生弄清动作的方向路线。这个阶段的特点是：学生缺乏控制能力，大脑皮层的暂时联系处于泛化阶段，练习中往往顾此失彼，动作紧张、不协调，并会产生多余动作。因此，教师在教学时，对学生不要过多地强调动作细节和步型工整。否则会引起学生的疲劳，分散学生对动作路线方向的注意力，影响教学效果。

第二步：力求动作的姿势、步型准确与工整（分化阶段）。

在学生弄清了动作方向路线的基础上，要进一步要求学生做到动作姿势、步型的准确与工整。这一步教师的示范，领做要由缓慢变为较正常的速度。练习过程中强调动作的细节和静止时架势的工整。体会动作的细节变化，在教学中教师应不断给予信息强化，严格要求，使正确的动作逐步成型巩固。

第三步：强调动作转换的细节，突出动作的完整性（自动化阶段）。

在这一步里教师的示范不再是呆板的分解动作而是充满生气的连贯完整的动作示范，要求学生协调、连贯、完整地完成动作，强调动作转换的细节，提高自控能力。

第四步：意、气、神、法的精究（精益求精阶段）。

这一步主要是通过教师对动作的劲力作用性质的分析，进一步阐明精神、意气与形体动作怎样结合，在教师指导下使学生体会“形神兼备”，“内外合一”的演练技巧，突出武术的特点。

第五步：巩固定型（巩固阶段）。

经过反复的练习与改进，将前四个步骤所掌握的动作逐步巩固，形成正确的动力定型。但是，在练习过程中也不必面面俱到，要求过高。武术动作技术包含的因素多，要根据学生的个体情况有所侧重。

第二节　武术教学的方法

武术教学质量的好坏，非常重要的一个因素在于教师能否合理地组织好学生按照预定的教学目标前进。武术教学的方法与其他学科有相似之处，但也有独特的地方。以下是几种常用方法。

一、讲解法

讲解法指教师以通俗、简练的语言讲解教学内容中所要解决的问题，使学生对教学内容有一个初步的认识和了解。

（一）讲解的内容

1. 基本规律

动作的基本规律是指一些简单的、经常出现的，带有一般规律的基本技法和基本规则。例如：向前冲拳、推掌，总是拳高不过肩，掌不过眉；而收回腰间抱拳时总是拳心向上等。讲解这些带规律性的内容，便于学生掌握好动作技术。

2. 动作规格

动作规格是学生正确掌握所学动作的关键，教师讲解动作规格便于学生明确动作的质量标准和技术要求。

3. 动作的攻防含义

讲解动作的攻防含义使学生明确所学动作的技击内涵，有助于学生准确地理解和掌握动作攻防转换的技术要求。

4. 关键环节

教师明确地讲解掌握动作的关键所在，能帮助学生较快地理解和学会动作。

5. 易犯的错误

对动作易犯错误的讲解，可以让学生认清此类错误，在学习时即便出现错误，学生也能很快地意识到，便于及时纠正。

（二）讲解的方法

1. 形象化讲解。如讲“提膝亮掌”犹如金鸡独立。

2. 口诀化讲解。如讲弓步，口诀可为“前腿弓，后腿绷、挺胸、立腰、别晃动”。

3. 单字化讲解。如讲“腾空飞脚”，可把蹬地跳起，摆腿提腰，击拍过程归纳为：蹬、摆、提、拍四个字。

4. 术语讲解。如“沉肩”“坠肘”“插步”等，采用术语讲解，可使讲解动作更简明扼要，提高学生的学习效果。

二、示范法

示范在武术教学中占有非常重要地位，教师通过示范把标准的动作直接展示给学生，使学生感知所学动作的确定性。武术教学示范一般分为完整示范和分解示范两种。

（一）完整示范

教师对所学动作进行完整示范，可以使学生了解所学动作的全貌，建立动作的整体性概念，一般在下列情况下采用完整示范。

1. 首次作为教学内容的武术动作，教师一般都要采用完整示范，帮助学生建立动作的整体性概念。

2. 学习结构简单和难度不大的动作，可以采用完整示范。

3. 对有一定武术基础且对所学动作已有所了解的学生，可以采用完整示范。

（二）分解示范

分解示范是为了便于学生感知和了解所学动作的细节，提高学生掌握动作的准确性。一般在下列情况下采用分解示范。

1. 凡是结构比较复杂，方向路线变化较多的动作，须采用分解示范。

2. 凡攻防因素较多、动作转换较快的动作，须采用分解示范。

3. 凡在一个动作里有轻重之分或突然改变方向的动作，须采用分解示范。

教师在采用分解示范时应注意分解的合理性，不宜将动作分解得过细，在完成合理的分解教学后，应尽快过渡到完整示范。

在武术教学中，完整示范和分解示范都有常速和慢速两种，根据情况，教师可以选择其一或两者结合的方式进行教学。

（三）示范位置

示范位置有讲解示范位置和领做示范位置两种。

1. 讲解示范位置

①教师可以在横队的排头、排尾的连线所构成的等边三角形的顶点位置示范。

②教师可以在相向而立的二列横队之间的空地位置示范。

③教师可以在半圆弧形或马鞍形的队形中间位置示范。

总之，无论采用哪种示范位置，教师都应设法使所有学生清楚地观察到示范的动作。

2. 领做示范位置

领做示范在武术教学中最为常用，教师领做示范的位置通常在学生排面的左前方，且兼顾所有学生；当运动方向转向行进时，教师须更换位置，为了避免教师换位造成练习停顿，可以采取在练习队形的四角安排基础较好的学生进行领做的方法加以辅助。

（四）示范面

武术教学的示范面有背面、正面、侧面、斜面、多种示范面。在具体教学时可遵照以下原则进行。

1. 凡是身体侧向行进的动作，可做镜面示范或背面示范。

2. 凡是身体正向行进的动作，可做侧面示范。

3. 不能采用正面、背面和侧面示范的动作，可做斜面示范。

4. 为了让学生看清楚动作的几个不同部位，同一个动作也可选用若干个示范面进行示范。如为了让学生看清马步两脚开立的距离要求，可用正面示范；为了让学生看清马步要挺胸、立腰，可再做侧面示范。

三、口令法

武术教学通常采用口令的方式来指挥学生练习，突出学生练习时的统一性，教师可根据教学的需要采用不同的口令。

1. 常用口令：这种口令是一动一个呼号10、20、30、40、50、60、70、80节拍基本相等（“0”为休止符，表示口令不能拉长）。

2. 一个口令中又有分解口令：如在八个动作口令中间，第二个口令需要分解为三个部分，这种口令的呼号就变成10、2①0、②0、③0、30、40、50、60、70、80（图内的符号是分解动作口令）。

3. 提示性口令：即在口令前加上动作名称或要领等，一般对比较容易遗忘和做错的动作可采用这种口令。如“弓步冲拳10马步冲拳20”。

4. 综合性口令：根据教学任务的需要，在练习过程中可把1、2、3中的口令综合运用。

四、练习法

学生初步学会动作以后，不可能即刻达到运用自如的程度，需要教师组织学生进行反复练习，逐步形成正确的动力定型。通常采用的练习法有以下几种：

（一）集体练习法

一般由教师或学生统一指挥进行，可先领做，达到一定水平后，改用口令指挥学生练习。

（二）分组练习法

根据学生实际情况，教师提出要求，把学生分成若干小组进行练习。

（三）双人练习法

双人练习法多用于对练和对抗性项目的教学，教师根据学生的身高、体重、技战术水平进行合理的搭配，这将有利于动作技能的掌握。

（四）单人练习法

单人练习法主要是培养学生独立演练能力的一种方法，教师在学生练习的间歇给予个别辅导，有助于学生提高独立演练的能力。

五、检查法

武术教学过程中，教师必须通过各种检查手段及时获得学生掌握技术的信息，并根据获得的信息采取相应的教学手段，争取最好的教学效果。检查是教师获得学生信息的最有效途径。常用的有以下几种方法。

1. 观察法：教师通过视觉，感知学生对所学动作的掌握情况。

2. 提问法：教师通过提问的方式，了解学生对所学动作的掌握情况。

3. 抽查法：教师根据所学内容随机抽取学生进行练习，了解学生对所学动作的掌握情况。

4. 测验法：教师按考试要求，对学生进行阶段性考核的一种方法，以此来了解学生对所学动作的掌握情况。

六、纠错法

教师根据学生练习过程中出现的错误而采取相应的教学手段，以保证学生所学动作达到正确技术要求的一种方法。武术教学纠错的方法很多，下面介绍几种常用的纠错方法。

1. 慢解领做法：由于学生对所学动作的路线和方向不清出现错误时，教师可采用慢速分解示范和反复领做的方法给予纠正。

2. 静站体验法：由于学生完成动作时肌肉的本体感觉差常使动作达不到技术要求时，教师可根据情况采用静站、控腿等方式，使学生获得相关动作的肌肉感觉，以此来纠正学生的错误动作。

3. 保护帮助法：由于学生害怕运动中出现危险或因为身体素质原因达不到完成动作要求产生错误动作时，教师采用助力和阻力的方法帮助学生完成动作。

4. 素质补缺法：由于学生某些身体素质差而完成不了所学动作时，教师采用相应的训练手段帮助学生提高完成动作所需的素质，以此来提高学生学习动作的质量。

5. 讲示攻防法：由于学生对动作的攻防含义认识不清而使所学动作达不到技术要求时，教师可通过讲解所学动作的攻防含义和演示动作的攻防技术来帮助学生理解和掌握动作的正确方法。

除此之外，教师还可根据学生实际情况采用对比求异法，避勉干扰法等进行纠错。

第三节　武术教学中素质教育的探讨

一、高校武术教学的现状

目前，高等体育院校的武术教学模式，虽然改进不少，但观念改变不大，还是以“传习式教学”，或是“灌输式教学”为主。

武术内容极为丰富，要想在短时间内掌握该门技术是非常困难的。教师在有限的时间内有计划，有组织地把教学大纲所规定的内容全部传授给学生；为了面面俱到，有时不得不开快车，就学生而言多半只能照葫芦画瓢，记住所学套路，通过考查考试。毕业后步入社会，一旦不接触武术，时间稍长便遗忘殆尽了。

高等体育院校是直接培养体育师资的场所。其教学质量的好坏将直接影响到基层学校体育教学的开展。武术的普及与发展需要武术人才，武术教学的开展需要武术师资。如何改变武术目前的教学现状，我们认为只有改革。从武术教学的内容及方法入手，使昔日的传习式教学向素质教育转化。只有这样，方可培养出能适应新形势的一代合格的武术教育工作者，我们的武术发展也才落到了实处。

二、调整教学内容，优化教学手段及方法

从生理学的角度上讲，人随着年龄的增长，其模仿能力呈下降趋势。相反，学生的理解能力呈上升趋势。为此，我们在具体教学过程中应充分利用学生的这一生理优势。合理地安排好每一个教学单元的教学内容，有针对性地采取一些教学方法提高武术课的教学质量。

1. 教学内容的调整和安排

武术基本功和基本动作练习，其目的在于提高武术的专项素质，为学习各种拳术和器械打下基础。这一部分的内容是武术教学中非常枯燥但又是非常重要的环节。目前我们的武术教学，由于时间的关系，基本功和基本动作练习，主要是放在开课的头几节和以后的少量时间里进行，虽然在教学时教师非常强调动作的深层含义及表现手法，但由于学生平时对武术的了解较少；加之武术非常强调动作的内外合一，形神兼备，威武雄健，节奏鲜明，尤其讲究身体点、线、面的对比均衡和运动中形式美的多样统一。且这些文化内涵表现出含蓄、模糊、抽象等浓郁色彩，这无疑给学生的学习和掌握带来了相当大的困难。

因此武术教学首先必须从教学模式及教学内容入手，把基本功、基本动

作及组合动作的训练贯穿于武术教学的全过程，提高单个动作及组合动作的演练技巧，同时加强武术动作“意”“气”“神”法的精究。使武术内在含义在单个动作及组合动作上初步得到体现。为了不脱离大纲，教师可根据大纲具体要求。精选1个套路拆散，重新编成单个动作及组合动作进行强化训练。同时突出这些新编动作基本技法的教学。克服传统教学中“先形后神”形神脱节的弊端。

套路的演练需要运动员有扎实的基本功；同时也要有一定的演练技巧，二者相辅相成。没有好的基本功，演练水平再好，武术内在的“神”和“意”“气”和“韵”也就成了一个抽象的概念；有好的基本功，而没有好的演练技巧，武术的真正内涵也不可能充分体现在演练的动作上。由此而使得武术套路异化为一种单纯的东方式的体操加舞蹈的演练形式。

通过基本功，基本动作及组合动作的强化教学，可令学生详细了解每一个动作的攻防含义以及劲力、节奏、呼吸、眼法等演练技巧及方法。为今后的套路学习打下坚实的基础。

2. 教学内容的组织与实施

要使学生从感性认识上升为理性认识，关键的一步是让学生自己动手、动脑创编动作组合，改变他们被动接受知识的局面，充分发挥其创造力。学生创编动作组合的开始阶段定会遇到素材不足的现象，这就要求我们教师在第一阶段的教学中把更多的“动作词汇”与“创作素材”传授给学生，同时有针对性地不断补充新素材，以保证学生手中有东西可写。当学生手中的动作素材达到一定量时，教师便启发帮助学生修改完善创编的动作组合。同时指导学生加强训练，提高演练水平。最后教师根据学生各自的创编组合加上起收式，完成一个自选套路的创编。只有这样，学生才可从昔日的单一机械模仿和识记中走出来，提高他们学习的积极性，增强记忆深度，更为重要的是学生由感性认识初步上升为理性认识。并能在实际工作中因人而异，举一反三。

3. 完成教学任务的形式

武术教学与其他学科有相似之处，但也有独特的地方。其组织形式应采取多渠道，多形式的进行。在教学的开始阶段采用集体施教的形式，以领做为主强调动作的规格，突出劲力和精神，并结合攻防含义进行讲解示范；在教学的第二阶段则以分组教学为主，教师提出要求，学生充分展示个人才能，互相帮助，共同进取；在教学的第三阶段可围绕提高学生的组织教学能力开展教学，首先把学生分成人数相等的两个教学组别，每个教学组别教授不同的教学内容，然后组织学生进行一对一教学，两组学生各自把自己所学内容传授给对方。这种教学形式的优点在于，学生为了能把所学动作教会对方，就必须首先自己认真地学会动作。使学生从“要我学”转变为“我要学”，从而提高学生学习武术的积极性。学生在教学的过程中由于角色的转变，其思维方式也将随之改变，教学过程所需的讲解、示范等知识已不在是空洞的理论，此时教师通过正确引导，辅以相关教学理论知识，可使学生在教学时加以运用，在运用中得到提高。学生在施教时即系统地掌握了所学武术动作的基本知识、技术和技能，又充分展示了个人能力，通过相互交流扩充了知识面，活跃了课堂气氛，同时加深了对武术基本理论知识的理解和运用，使素质教育在武术教学中从体能，智能上能得以体现。整个教学过程既体现了教师的主导作用，又体现了学生的主体作用。

武术教学中素质教育的方法很多，以上是自己多年教学实践的体会，仅供大家参考。

第三章　武术图解知识与套路创编

内容提要

本章对武术图解的概念、图解的基本知识、看图自学武术套路的方法和注意事项进行了详细的说明，同时围绕前面所提到的武术教学中的素质教育，本章安插了武术套路创编一节，以此来提高学生创编的理论知识。

第一节　武术图解知识

武术图解，是指记载武术动作的图与文字说明。图主要用来描绘动作形象和身体各部位（包括器械）的运动路线，文字则用来说明动作的详细过程和动作要领。

一、图解的基本知识

（一）运动方向

图解中图的运动方向，是以图中人的躯干姿势为准，并且随着躯干姿势所处的位置变化而变化。图中人的胸前为前、胸后为后、左侧为左，右侧为右；此外，还有左前、左后、右前、右后。

（二）运动路线

图中身体各部位（包括器械）的运动路线一般用虚线（--->）或实线（→）表示该部位下一动作行进的路线，箭尾为起点，箭头为止点。关于虚线（--->）或实线（→）在用法上没有特殊的规定。有的图上肢的运动路线用虚线，下肢的运动路线用实线；有的图左上肢和左下肢用实线表示，右上肢、右下肢用虚线表示。虽然用法不一，但意思则是一致的，都是指明下一动作将经过的路线。

（三）往返路线

武术套路由若干段构成，各段的往返路线通常是单数段向左、双数段向右。近几年随着武术运动的快速发展，武术套路在编排上更加多样化，其往返路线也不再那么单一，往返折叠更加多样化。

(四) 术语的运用

在文字叙述上，为了简明扼要，图解的文字说明中，常用术语来解释动作。如步法中的上步、退步、播步等；步型中的弓步、仆步等；腿法中的正踢、侧踹等。

(五) 要领说明

有些图解，在某个动作后面常附有“要领”“要点”之类的说明，它是为了提示该动作的关键所在，或者说明应注意的问题，在阅读时须认真加以领会。

(六) 附图

图中有的动作除了用一个图描绘外，还在该图的旁边增加一个补充说明的“附图”。如背向时，看不清手的位置，便可增加一个正面或侧面的“附图”。

(七) 书写顺序

在文字说明中，一般先写明运动方向（向左、向右等），然后写下肢动作（如步型、步法、腿法等），再写上肢动作（如手型、手法、肘法、器械持握方法及运动方法），最后写目视方向。但在个别情况下，则以身体各部位运动的先后顺序来加以书写。

(八)“左（右）”“同时”

文字说明中左（右）或右（左）的写法，是指左、右均可或左、右互换的意思。“同时”，指无论先写或后写，身体各部位动作都要一起运动。

二、看图方法和注意事项

(一) 看图方法

1. 首先看分解动作图和身体各部（包括器械）的运动路线，然后详细阅读文字说明，初步了解动作的过程和要领。

2. 按照图和文字说明的顺序边看边做，学会几个或一组动作，掌握动作的上下配合，反复练习，使之熟练。

3. 每看图学完一组动作后，要连接起来复习，然后再与前面所学动作一起复习巩固。

4. 为提高学习效果，可以三人一组，其中一人阅读图解，一人做动作，一人检查。然后相互传授。

(二) 注意事项

1. 通过图解学练武术动作和套路是一个循序渐进的过程，必须反复实践由简到繁，由易到难。

2. 在学练时，遇到复杂的动作，可先学下肢动作，再学上肢动作，然后将上下肢协调配合起来。

3. 武术运动中的“眼法”，要求运动时做到“眼随手动”；静止时做到“目随势注”，没有写明运动过程中“眼随手动”的眼法变化，这一点在学会动作之后的练习中要特别注意。

4. 有些书上的插图并没有将身体各部位的运动路线全部用箭头表示出来。因此，要详细阅读文字说明，以免漏做或错做动作。

5. 初次学练时，要固定好方向，不要经常变换练习方位，以免弄错方向，影响学习的效果。

6. 由于武术运动项目众多，各项目又有各自不同的风格特点，因此在学练时要认真了解所学套路的风格特点。

第二节　武术套路创编

随着武术运动的快速发展及武术在国内外的广泛普及，特别是竞技武术的发展都需要在武术套路的内容、结构、形式等方面不断更新，以满足不同层次习武人的需要，因此，武术套路的创编工作是武术普及、武术教学、武术训练等工作中的一个重要环节。但武术套路创编，首先要了解创编武术套路的基本要求、基本步骤和注意事项等。

一、创编武术套路的基本要求

（一）了解所创武术套路的任务

创编一个武术套路首先必须明确所创武术套路的任务，任务不同决定所创武术套路的难易也不尽相同。供大众练习的武术套路，在内容上力求简单易学；方向、路线清晰易记；竞赛套路则应根据竞赛的性质，依据规则要求进行创编；自选套路则应了解特定对象的具体情况而有选择性地安排套路内容。

总之，进行武术套路创编时应根据不同的任务和对象合理、科学地安排内容。

（二）创编的武术套路须体现武术的运动特点

不同的武术运动项目，其风格特点也不尽相同，但无论是何种流派的武术，它们都有一个共同的特点，就是动作具有攻防技击性。因此，在进行套路创编时不能一味地追求动作造型的优美，而忽略了武术动作的技击性。更不可为了哗众取宠，把竞技体操的一些跳跃动作强加在套路中。

（三）创编的武术套路须体现时代气息，但又不失传统

纵观武术的发展历程，不同时期的武术套路其风格特点也不尽相同。特

别是武术与国际竞技接轨的今天，武术的难新动作层出不穷，套路的编排更是百花齐放。有的动作在编排上已完全脱离了武术特有的属性。我们倡导武术套路要有所创新，但为之付出丢失我国传统武术的民族特色，不得不让我们遗憾！为此，我们在这里呼吁，创编武术套路时要体现时代气息，但切不可丢失我国传统武术的民族特色。

二、创编武术套路的基本步骤

第一步：明确目标。

创编一个武术套路，首先必须了解所创武术套路的目的、任务，并根据相关要求确定武术套路的主体内容标准，为下一步收集创编素材提供准确的定位。

第二步：搜集素材。

目标定位以后，便可根据规则要求、使用对象等相关信息收集创编素材。包括难度动作的内容、数量、组别，规定动作的内容、数量、组别等。

第三步：设计套路的框架结构。

根据所编套路的目的任务及对象特点和收集的创编素材，确定套路的基本轮廓，初步把难度动作的内容、数量、组别，规定动作的内容、数量、组别填充到框架结构里，并检查各段的动作数量、难易程度等。

第四步：分段编排。

在完成以上工作的基础上，便着手把单个武术动作合理地进行组合，再把几个组合动作有机地连接成段，特别是一些难度动作，必须考虑助跑的距离，高潮的呈现等；重点段落的重点动作在场地出现的位置，段与段之间动作数量的比重、运动量的大小、段与段之间的衔接等，都须作全面的考虑。

第五步：确定套路的运动方向和路线。

随着竞技武术的快速发展，武术套路在编排上更加注重其表演的效果。运动方向、运动路线变化更加复杂化，要在有限的场地上合理地安排好各段的运动方向和路线，采用直线、斜线、弧线等使整套动作遍及场地的各个角落，形成完美的场地布局。

第六步：反复练习使之完善。

整个套路创编完成后，须选择不同的练习对象，经过一段时期的反复练习，认真检查动作与动作、组合与组合、段与段之间的衔接是否顺畅，整体布局是否合理，特别是难度动作出现的时机、场地的位置等。同时广泛听取专家和演练运动员的意见，使创编的套路更加完善。

三、创编武术套路应注意的问题

（一）创编竞技武术套路应注意的问题

1. 注意理解武术套路的竞赛规则

武术套路竞赛规则对不同性质的武术比赛，在组成套路的动作数量、难度等方面均有相应的要求，进行创编时须认真了解规则要求，以免所创套路不符合规则要求。

2. 注意个体差异，最大限度地发挥个人所长

武术竞技套路除规则强制规定的动作要求以外，还留出了发挥个人所长的弹性空间，进行套路创编时，需根据个体差异，最大限度地发挥运动员的个人所长。

3. 注意难度动作与其他动作的合理衔接

在竞技武术快速发展的今天，由于难度动作的出现，使得武术套路在演练时已不可能像以前那样酣畅淋漓，如何合理地利用作用力与反作用力、惯性力、弹性力等相关学科知识，使动作组合更加完整，动作衔接更加流畅，用力更加经济，是创编武术套路时应注意的重点问题之一。

（二）创编传统武术套路应注意的问题

传统武术门派繁多，有很强的地域性，在创编传统武术套路时除了注意在创编竞技武术套路应注意的问题外，还应注意以下两点。

1. 注意了解拳种地域性的文化特色

中华武术各流派的拳种在其形成过程中都各自有历史渊源，并在长期的发展过程中融入了明显的地域文化内涵，在创编时必须对拳种所处的地域文化作相应的了解，以保证所创拳种套路所固有的地域性文化特色。

2. 注意了解拳种的主要风格特点

中华武术项目众多，不同的武术项目，其风格特点差异较大，即便是同一类型的武术项目，由于所处的环境不同，其风格特点也不尽相同。在创编时必须对所创拳种的风格特点作深入的了解，以保证所创拳种套路不失其特有的风格。

（三）创编大众性健身武术套路的注意事项

1. 所创套路要简单易学。

2. 所创套路的方向、路线不可过于复杂多变。

3. 所创套路要突出武术的健身性。

>>> 练习与思考

1. 武术图解包括哪些知识？
2. 试述合作自学的步骤和要求。
3. 如何制作图解？
4. 什么是武术组合？武术组合的内容有哪些？
5. 武术组合动作创编的要求有哪些？
6. 创编武术套路的程序及应注意的问题有哪些？

第四章　武术基本功和基本动作

内容提要

本章详细阐述了武术中常见的、有代表性的基本功、基本动作、跳跃动作的动作要领、练习方法、易犯错误及纠错方法。

武术基本功和基本动作是学习一切武术动作的基础。通过基本功和基本动作的练习，可使身体各部位得到比较全面的锻炼，并能较快地发展武术运动的专项身体素质，为学习拳术和器械套路，为提高技术水平打下良好的基础。

经常进行基本功和基本动作练习，能增强各个关节、韧带的柔韧性和灵活性，提高肌肉的控制能力和必要的弹性。通过原地和腾空的各种旋转动作的练习，能提高前庭分析器的机能，这对提高动作质量，防止或减少练习中的伤害事故都能起到重要作用。

第一节　柔韧练习

通常做压腿动作来加强柔韧练习。

压腿主要是拉长腿部的肌肉和韧带、加大髋关节的活动范围。压腿常用的方法有正压、侧压和后压。

1. 正压腿

面对肋木或一定高度的物体，并步站立。左腿提起，脚跟放在肋木上，脚尖勾起，踝关节屈紧，两手扶按膝上，两腿伸直，立腰、收髋、上体前屈，并向前，向下做压振动作，练习时，左右腿交替进行（图 4-1-1）。

2. 侧压腿

面对肋木或一定高度的物体，并步站立。左腿提起，脚跟放在肋木或一定高度的物体上，脚尖勾起，踝关节屈紧；右支撑脚向右转 90 度，右手在头上成撑掌，左手屈于右腋下，两腿伸直，立腰、上体侧屈，并向侧做压振动作，练习时，左右腿交替进行（图 4-1-2）。

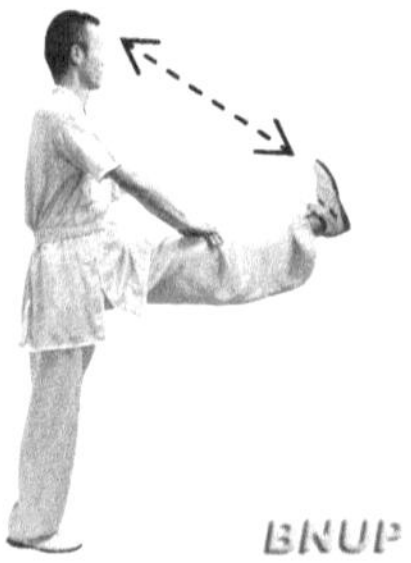

图 4-1-1

图 4-1-2

3. 后压腿

背对肋木或一定高度的物体，并步站立。左腿向后摆起，放在肋木或一定高度的物体上，脚面绷紧；双手叉腰，两腿伸直，上体后屈，并向后做压振动作，练习时，左右腿交替进行（图 4-1-3）。

4. 仆步压腿

两脚左右开立，右腿屈膝全蹲，全脚掌着地，左腿挺膝伸直，脚尖里扣，然后两手分别抓握两脚外侧，成左仆步（图 4-1-4）。接着右脚蹬地，右腿伸膝，重心左移，左膝弯曲，转成右仆步，练习时，左右仆步可以交替进行（图 4-1-5）。

图 4-1-3

图 4-1-4

图 4-1-5

第二节　基本手法

一、冲拳

分平拳和立拳两种。平拳拳心向下；立拳拳眼向上。

预备姿势：两脚左右开立，与肩同宽，两拳抱于腰间，肘尖向后，拳心向上（图 4-2-1）。

动作说明：挺胸、收腹、直腰、右拳从腰间向前猛力冲出，转腰、顺肩，在肘关节过腰后，右前臂内旋。力达拳面，臂要伸直，高与肩平。同时左肘向后牵拉，练习时，可左右交替进行（图 4-2-2、图 4-2-3）。

要求与要点：出拳要快速有力，要有寸劲（即爆发力），做好拧腰、顺肩、急旋前臂的动作。

图 4-2-1

图 4-2-2

图 4-2-3

二、推掌

预备姿势：与冲拳同。

动作说明：右拳变掌，前臂内旋，并经掌根为力点向前猛力推出。推掌时要拧腰，顺肩，臂要伸直，高与肩平。同时在肘向后牵拉，练习时，左右可交替进行（图 4-2-4、图 4-2-5、图 4-2-6）。

要求与要点：挺胸、收腹、直腰。出掌要快速有力，有寸劲；同时还要做好拧腰、顺肩、沉腕、跷掌动作。

图 4-2-4

图 4-2-5

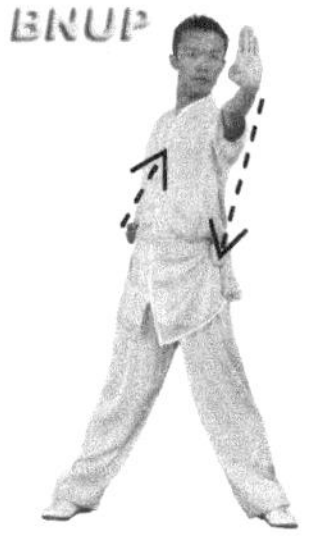

图 4-2-6

第三节　基本步型

一、弓步

左脚向前一大步（约为本人脚长的 4～5 倍），脚尖微内扣，左腿屈膝半蹲（大腿接近水平），膝与脚尖垂直。右腿挺膝伸直，脚尖内扣（斜向前方），两脚全脚掌着地。上体正对前方，眼向前平视，两手抱拳于腰间，弓右腿为右弓步；弓左腿为左弓步（图 4-3-1）。

二、马步

两脚平行开立（约为本人脚长的 3 倍），脚尖正对前方，屈膝半蹲，膝部不超过脚尖，挺胸抬头蹋腰，大腿接近水平，全脚掌着地，身体重心落于两腿之间，两手抱拳于腰间（图 4-3-2）。

图 4-3-1

图 4-3-2

三、仆步

一腿全蹲，大腿和小腿靠紧，臀部接近小腿，全脚掌着地，膝与脚尖稍外展；另一腿平铺接近地面，全脚掌着地，脚尖内扣（图 4-3-3、图 4-3-4）。

图 4-3-3

图 4-3-4

四、虚步

后脚尖斜向前，屈膝半蹲，大腿接近水平，全脚掌着地；前腿微屈，脚面绷紧，脚尖内侧虚点地面（图 4-3-5、图 4-3-6）。

图 4-3-5

图 4-3-6

五、歇步

两腿交叉屈膝全蹲，全脚掌着地，脚尖外展，后脚跟离地，臀部外侧紧贴后小腿（图 4-3-7、图 4-3-8）。

图 4-3-7

图 4-3-8

第四节　基本腿法

一、直摆性腿法

踢腿时膝关节始终保持伸直的腿法称为直摆性腿法。

1. 正踢腿

预备姿势：两脚并立，两手立掌或握拳，两臂侧平举（图 4-4-1）。

动作说明：左脚向前上半步，左腿支撑，右脚脚尖勾起向前额处猛踢，两眼向前平视，练习时左右交替进行（图 4-4-2）。

要求与要点：挺胸、直腰、踢腿时，脚尖勾起绷落或勾落，收髋猛收腹，踢腿过腰后加速，要有寸劲。

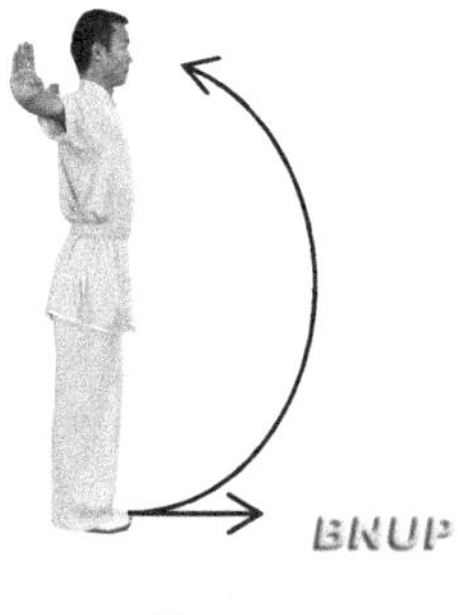

图 4-4-1

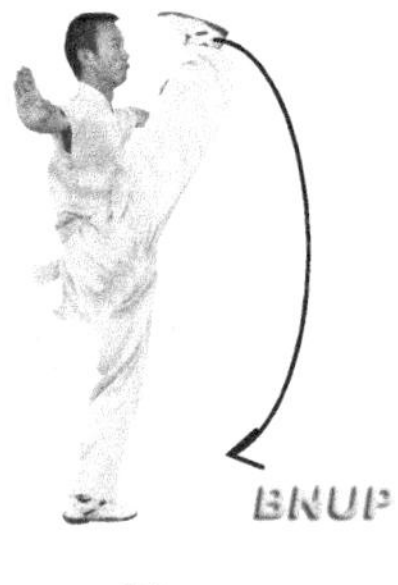

图 4-4-2

2. 外摆腿

预备姿势：两脚并立，两手立掌或握拳，两臂侧平举（图 4-4-3）。

动作说明：左脚向右前方上半步，左脚尖勾紧，向右侧上方踢起，经面前向左侧上方摆动，直腿落在右腿旁。眼向前平视。左掌可在左侧上方击响也可不做击响，练习时左右交替进行（图 4-4-4、图 4-4-5、图 4-4-6）。

要求与要点：挺胸、直、腰、松髋。外摆幅度要大，成扇形。

图 4-4-3

图 4-4-4

图 4-4-5

图 4-4-6

3. 里合腿

预备姿势：两脚并立，两手立掌或握拳，两臂侧平举（图 4-4-7）。

动作说明：右脚向右前方上半步，左脚脚尖勾起时里扣并向左上方踢起，经面前向右侧上方直腿摆动，落于右脚外侧，右手掌可在右侧上方迎击左脚掌（击响）也可不做击响动作，眼向前平视，练习时，左右腿交替进行（图 4-4-8、图 4-4-9、图 4-4-10）。

要求与要点：挺胸、直腰、松髋、合髋、里合幅度要大并成扇形。

图 4-4-7

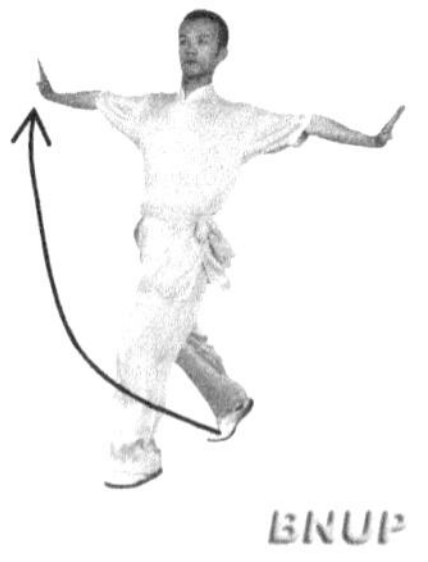

图 4-4-8

图 4-4-9

图 4-4-10

4. 侧踢腿

预备姿势：两脚并立，两手立掌或握拳，两臂侧平拳（图 4-4-11 ）

动作说明：右脚向右前方上半步，左脚脚尖勾起时上体右转 90 度并向左侧踢起，落于右脚内侧，踢腿时右手在头上成撑掌，左手屈于右腋下，完成动作后，两手平举，眼看左手，练习时，左右腿交替进行（图 4-4-12）。

图 4-4-11

图 4-4-12

二、屈伸性腿法

踢腿时膝关节由屈到伸的腿法称为屈伸性腿法。

1. 弹腿

预备姿势：两腿并立，两手叉腰（图 4-4-13）。

动作说明：右腿屈膝提起，大腿与腰平，右脚绷直。提膝接近水平时，要迅速猛力挺膝，向前平踢（弹击），力达脚尖。大腿与小腿成一直线，高与腰平，左腿伸直或微屈支撑。两眼平视（图 4-4-14、图 4-4-15）。

要求与要点：挺胸、直腰、脚面绷直、收髋。弹击要有寸劲（即爆发力）。

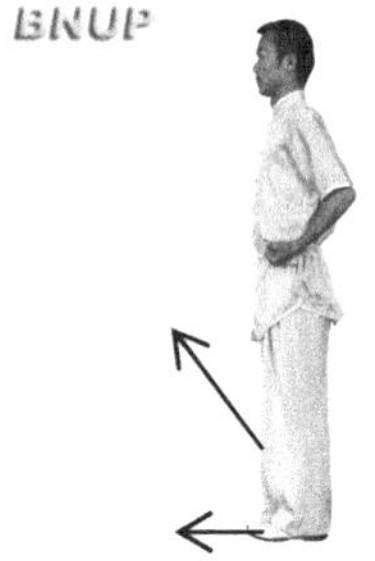

图 4-4-13

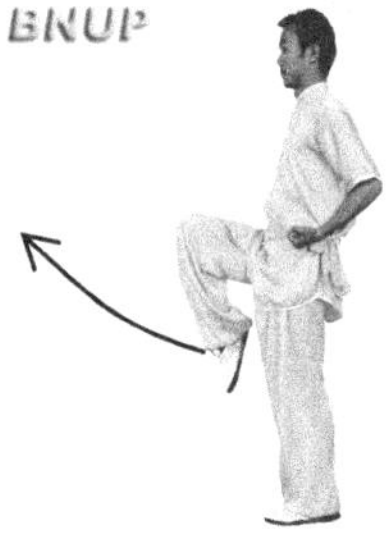

图 4-4-14

图 4-4-15

2. 蹬腿

预备姿势：两腿并立，两手叉腰（图 4-4-16）。

动作说明：与弹腿同，唯脚尖勾起，力点达于脚跟（图 4-4-17、图 4-4-18）。

要求与要点：练习步聚、易犯错误和纠正方法均与弹腿同，唯强调勾脚尖。

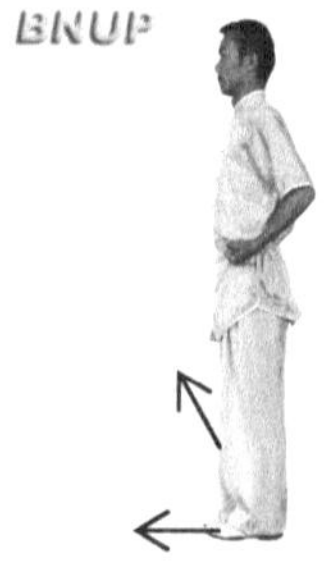

图 4-4-16

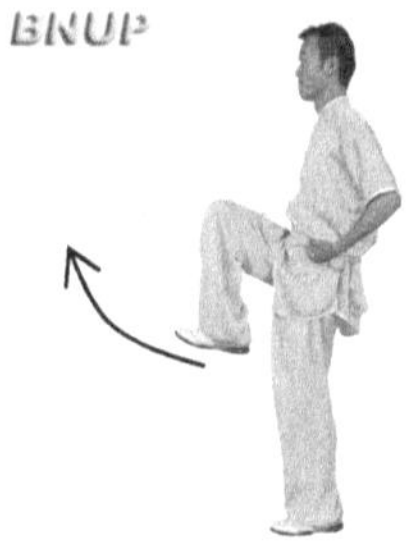

图 4-4-17

图 4-4-18

3. 侧踹腿

预备姿势：两脚并立，两手抱于腰间（图 4-4-19）。

动作说明：两腿左右交叉，右腿在前，稍屈膝，随即，右腿伸直支撑左腿屈膝提起，左脚尖里扣，脚跟用力向左侧上方踹出，高与肩平，上体向右侧倒，目视左侧。练习时，左右可交替进行（图 4-4-20、图 4-4-21）。

图 4-4-19

图 4-4-20

图 4-4-21

第五节　跳跃动作

跳跃动作是基本动作练习的组成部分之一。一般常见的跳跃动作有：腾空飞脚、旋风脚、腾空摆莲等、侧空翻、旋子转体；随着竞技武术的发展，跳跃动作在旋转的度上有的已达到 720°。本书出于学校武术教学考虑，只介绍旋转 360 度的动作。

一、腾空飞脚

预备姿势：并步挑掌站立。

动作说明：双腿并步成丁字步站立，双臂侧平举挑掌，左脚上前一步，身体重心前移，右脚向左脚前交叉上步，同时双臂经两侧向上向下于胸前交叉，左脚随势上前一步，双脚同时蹬地向上跳起成击步，同时双臂由下向两侧打开至侧平举，右脚、左脚依次落地，右脚上步蹬地跳起直腿上摆，左脚摆腿屈膝收于胸前，同时右手由后向下向上至额前与左掌击响后，快速拍击右脚背，左掌迅速向左后侧分开，与右臂成约 90 度夹角。动作完成后，右脚或双脚落地（图 4-5-1、图 4-5-2、图 4-5-3、图 4-5-4、图 4-5-5、图 4-5-6、图 4-5-7、图 4-5-8）。

图 4-5-1

图 4-5-2

图 4-5-3

图 4-5-4

图 4-5-5

图 4-5-6

图 4-5-7

图 4-5-8

要求与要点：

1. 右腿在空中摆踢时，脚高必须过胸，左腿在击响的一瞬间，屈膝收控于胸前。

2. 在腾空的最高点完成击响动作。拍击动作必须连续、准确、迅速、响亮。

3. 在空中，上体正直、微向前倾，不要坐臀。

练习步骤：

1. 拍脚练习，练习方法可以原地进行，也可以行进间进行。

2. 行进间的起跳控左腿练习。

3. 右腿蹬地起跳，左腿屈膝摆起，同时两臂上摆并在头上击响的踏跳练习。

4. 上一步或加三步助跑的完整动作练习。

易犯错误和纠错方法：

1. 右脚蹬伸与左脚摆腿脱节，动作不协调。

纠正方法：可多做步骤“3”所示练习方法。

2. 起跳后，上体过于前俯，坐臀，致使重心下坠。

纠错方法：可多做行进间的单拍脚练习。在练习中强调上体正直。在此基础上降低腾空高度，掌握正确动作。待正确动作形成后，逐步加大腾空高度，完成空中造型。

二、旋风脚

预备姿势：并步推掌（图 4-5-9）。

动作说明：

由并步推掌开始，右脚前交叉上步，同时右拳变掌由后向前盖掌，左手变拳收于腰间后向前推掌，右手随即收抱腰间，左脚随势上步，蹬地跳起成击步，左脚随之落地脚尖稍外摆，上体左转 90 度，右脚随转体扣步落地，双臂随之向右上摆起。右脚蹬地，右腿屈膝蹬地跳起，左腿提膝摆起收于胸前，上体向左上方翻转，同时两臂由下向左上方抡摆。身体旋转 360 度，右腿作里合腿，左手在额前拍击右脚掌，左腿自然下垂（图 4-5-10、图 4-5-11、图 4-5-12、图 4-5-13）。

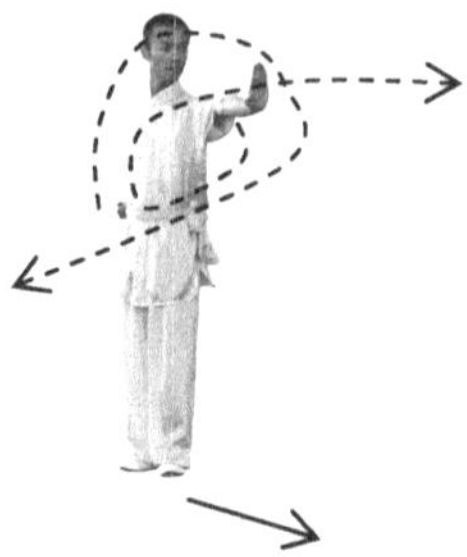

图 4-5-9

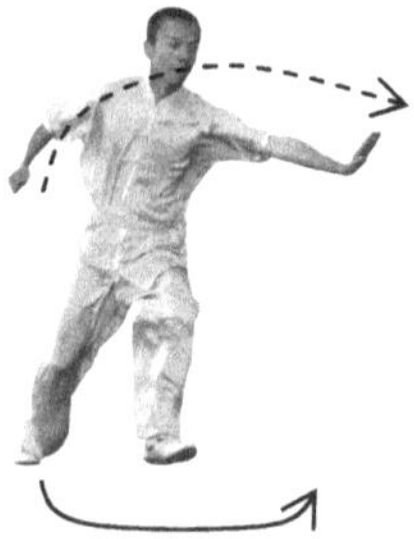

图 4-5-10

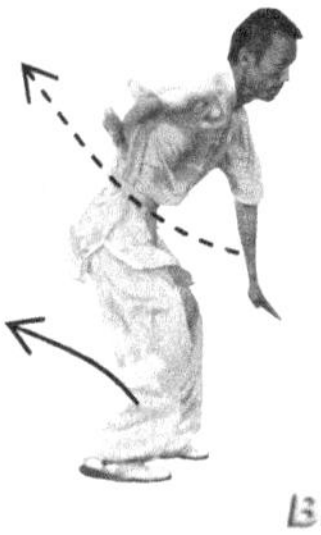

图 4-5-11

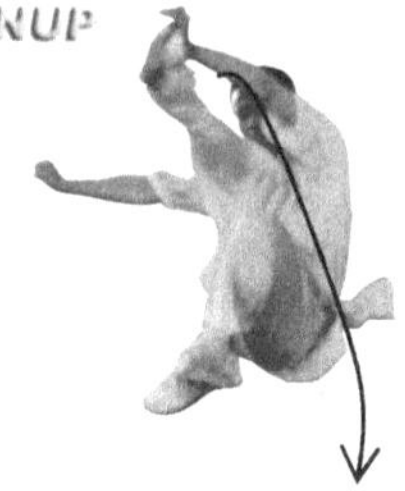

图 4-5-12

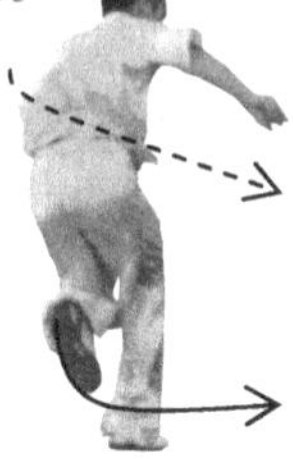

图 4-5-13

要求与要点：

1. 蹬地起跳前上体不可过分前俯，以立腰为好。

2. 右腿作里合腿时，要贴近身体；摆动时，膝伸直，由外向里成扇形。

3. 击响点要靠近额前，左腿可自然下垂也可屈膝收腿。

练习步骤：

1. 原地的或行进间的里合腿转体270度至360度击响练习。

2. 不加腿法的抡臂转体跳转360度的“翻身跳”练习。

3. 跳起的转体90度的击响练习。逐步增加转体180度、270度、360度的练习。

易犯错误和纠错方法：

1. 上下脱节，转体角度不够，动作不协调。

纠正方法：多做转体360度的“翻身跳”练习。在不加腿法的“翻身跳”练习中，要求上下肢协调，提高身体的旋转能力。

2. 起跳后，两腿摆动时屈膝、坐髋。

纠正方法：可多做“转身左外摆右里合”的腿法练习，在练习中强调伸膝的正确姿态。

3. 跳起后上体后仰。

纠错方法：在“提左膝、右腿单脚跳转360度”的练习中，加强锻炼上体直立、头部上顶的能力。

三、腾空外摆莲

预备姿势：并步挑掌（图4-5-14）。

动作说明：

由并步挑掌开始，双脚并拢成丁字并步，同时右臂向前、向上挑掌，左臂后摆至体后。同时右臂向上、向后、向下、向前环绕一周于身前挑掌，高于肩平，掌指朝上；左臂向前、向上、向后绕环抡摆至身后比肩稍高成勾手。两肩随两臂转动，上体挺胸、直腰、顺肩，双眼随右掌转视前方，左脚向前进半步，右脚随之向前进一大步，脚尖外展，屈膝略蹲，在上右步的同时，右掌弧形回收至腰间，左臂由后经上摆至头前上方，右腿蹬伸上跳，左脚屈膝提起收扣于身前，身体腾空，右臂在跳起的同时，经左臂向内侧向上弧形斜上举，左臂顺势摆向身后，两眼随右掌转视左侧，头部左转，右肩前顺，右脚落地，同时右臂顺势下落，左臂前摆，右脚蹬地跳起，同时左腿向右上方里合踢摆，两手于额前击响，上体向右旋转，身体腾空，右腿外摆，两手先左后右的拍击脚面，左腿屈膝或直腿控于左侧。上体微前倾，两眼随视两手。在空中击响时，左腿可伸直分开摆动，控于体侧（图4-5-15、图4-5-16、

图 4-5-17、图 4-5-18、图 4-5-19、图 4-5-20）。

图 4-5-14

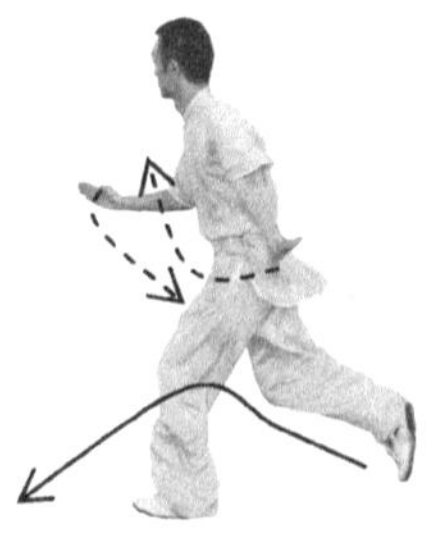

图 4-5-15

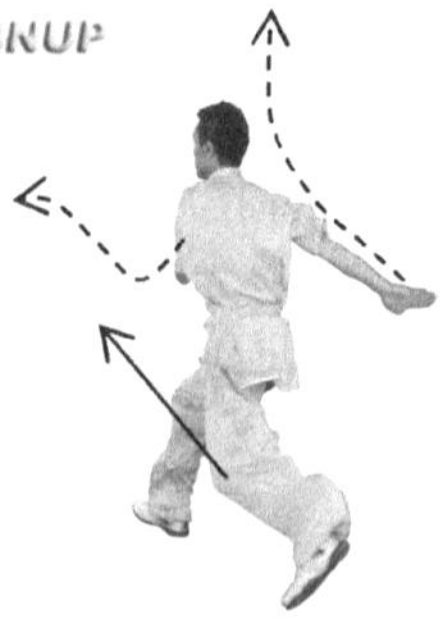

图 4-5-16

图 4-5-17

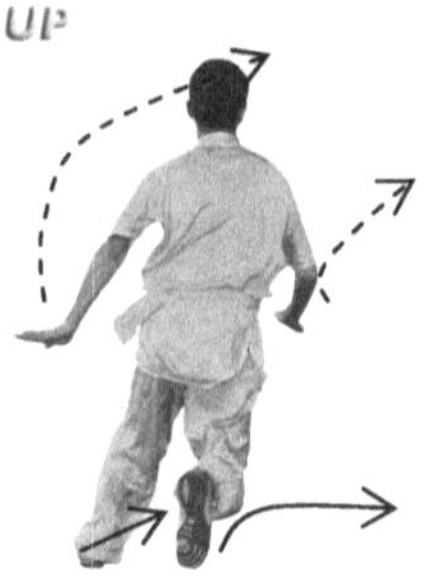

图 4-5-18

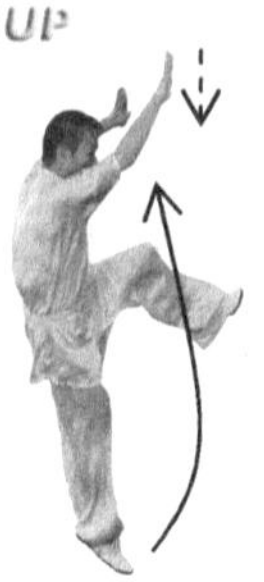

图 4-5-19

图 4-5-20

要求与要点：

1. 上步要成弧形，右脚踏跳时，注意脚尖外展和屈膝微蹲。

2. 上跳时，左腿注意里合控腿。

3. 右腿外摆要成扇形，上体微前倾，要靠近额前击响。两手先左后右拍击右脚面，击响要准确响亮。

4. 在击响的一瞬间，左腿屈膝收控于右腿内侧或伸膝外展至于身体左侧。

5. 在完成动作过程中，要注意起跳、拧腰、转体。里合左腿与外摆右腿等动作要紧密协调。

练习步骤：

1. 原地的和行进间的外摆腿练习。

2. 进右步——左腿里合——向右转身——右腿外摆的组合练习。

3. 上右步起跳，扣摆左腿，两手头上击响的向右转体 360 度的“转体跳”练习。

4. 跳起后转体 90 度，逐渐做到转体 180 度、转体 270 度。

易犯错误和纠错方法：

1. 转体不够。

纠错方法：可多做向右后转体 360 度的“转体跳”练习。

2. 击响不准。

纠错方法：可多做外摆腿击响练习。

3. 右腿外摆幅度小、左腿不能里合收扣。

纠错方法：在外摆腿练习中提高开髋幅度。在“转体跳”的练习中，解决左腿的里合收扣问题。

四、旋子

预备势：双手额前击掌站立（图 4-5-21）。

动作说明：

由开立步站立开始，身体重心置于右脚，双手右上方额前击掌开始。左脚上步，双臂向前摆动，右脚上步，上体左转 90 度，左脚向右脚后方插步，左臂收至额前，右臂置于体侧，以腰发力，上体向下向摆动，身体平俯左转，与地面保持平行，左脚蹬地跳起，同时两臂伸直随身向左后摆动；右腿后撩上摆，左腿随之离地，两腿随身向左平旋。右脚先落地，左脚随之落地（图 4-5-21、图 4-5-22、图 4-5-23、图 4-5-24、图 4-5-25、图 4-5-26、图 4-5-27）。

要求与要点：挺胸、抬头身体成水平旋转，两腿要高过水平。

图 4-5-21

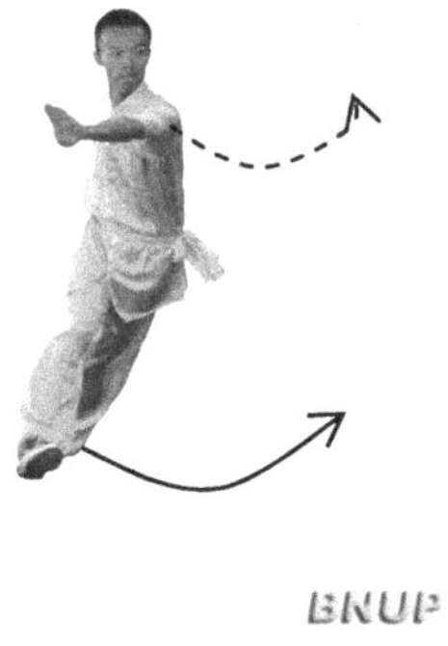

图 4-5-22

图 4-5-23

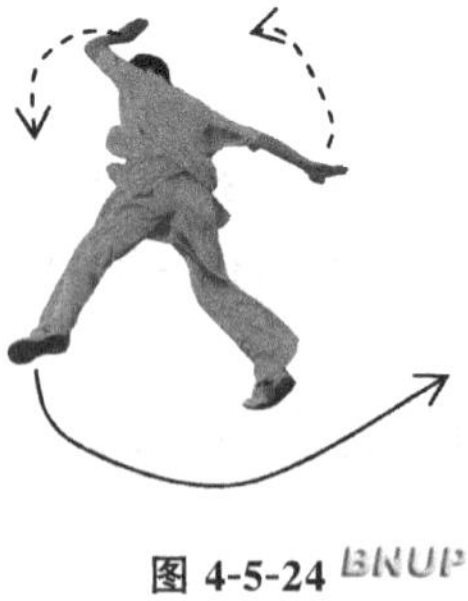

图 4-5-24

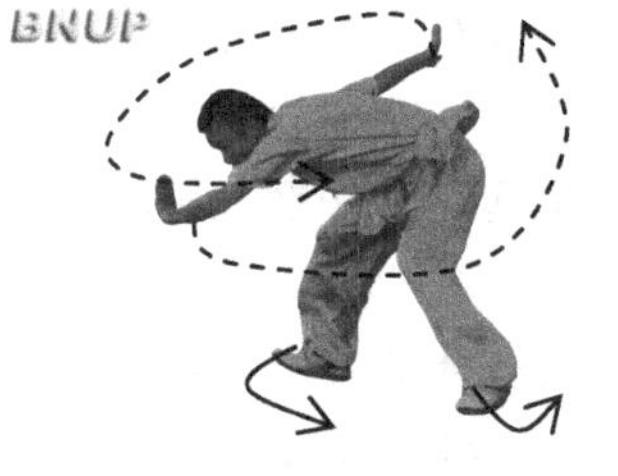

图 4-5-25

图 4-5-26

图 4-5-27

练习步骤：

1. 以左腿为支撑保持燕式平衡的姿势，原地向左旋转 360 度。

2. 在教师或同伴保护与帮助下体会动作要领。

3. 逐步减少帮助，脱离保护。

易犯错误和纠错方法：

1. 平旋时，空中造型做不出来。

纠错方法：除了强调抬头、挺胸，背脊收缩等要领外，还可以通过俯卧做背弓（即两头翘）的练习来形成姿势的定型。

2. 旋转速度慢，转度不够 360 度。

纠错方法：可以通过原地向左后方平甩两臂的练习和增强燕式平衡旋转能力的练习来改正。

3. 腾空高度不够。

纠错方法：强调上体前俯时不要压得过低，当蹬地时要积极抬头，腿向后上方撩腿。

五、侧空翻

预备势：自然站立。

动作说明：

左脚蹬地，右腿由后向上摆起，身体向前向下，在空中做向左侧翻动作。右脚先落地，左脚随之落地（图 4-5-28、图 4-5-29、图 4-5-30、图 4-5-31）。

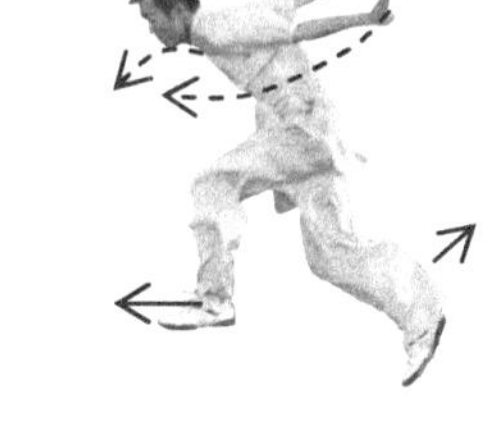

图 4-5-28

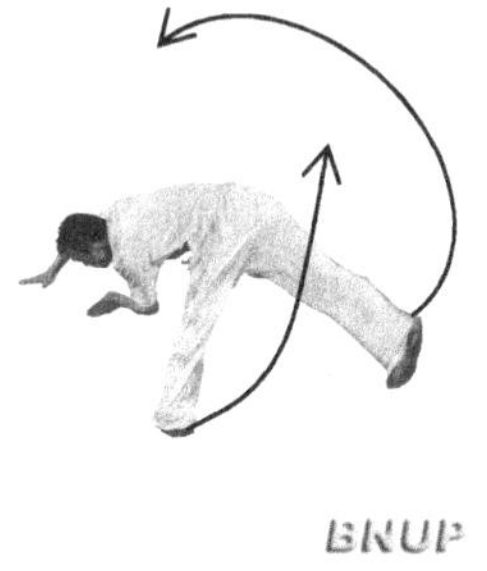

图 4-5-29

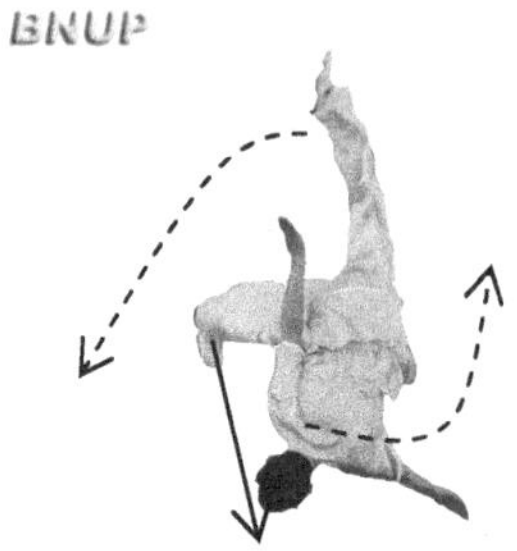

图 4-5-30

图 4-5-31

要求与要点：空翻时右腿后撩要快，两腿于空中展开伸直。

练习步骤：

1. 先做侧手翻，提高摆腿速度。

2. 在教师或同学的保护和帮助下体会动作要领，然后逐步脱离保护。

犯错误与纠错方法：

1. 摆腿不直，速度不快。

纠错方法：除了强调伸膝后撩腿外，主要通过侧手翻逐步加快摆速。

2. 左脚蹬地无力，腾空不高。

纠错方法：调蹬地时踝、膝、髋迅速伸直，充分发挥蹬地的反作用力，提高腾空高度。强调“留肩”练习，即在空翻时将肩部尽力保持在一定高度。

六、旋子转体

预备势：自然站立（图 4-5-32）。

动作说明：

由站立开始，左手向前展开，同时左脚上步脚尖外撇，右脚前上步，上体随势左转 180 度，双臂左右打开，双腿成开立步，然后左脚向右脚后方插步，上体随势前倾，左臂屈肘于额前，身体重心置于右脚，以腰发力上体向下向左后摆动，双臂向左向后摆动，身体重心移至左脚，左脚用力向上蹬地，同时右脚由髋部带动向后向上方提撩，脚尖绷平；以髋部带动身体腾空，右脚与上体成水平，并与地面平行，左脚快速向右脚并拢，同时，左臂屈肘于额前上方，掌心向外，右臂快速向左腋穿插，掌心向内，上体随势左逆时针转体动作，双腿并拢伸直随势转动 360 度；右脚先触地支撑，左脚随势落于右脚后方，上体立腰抬头（图 4-5-33、图 4-5-34、图 4-5-35、图 4-5-36、图 4-5-37、图 4-5-38、图 4-5-39、图 4-5-40）。

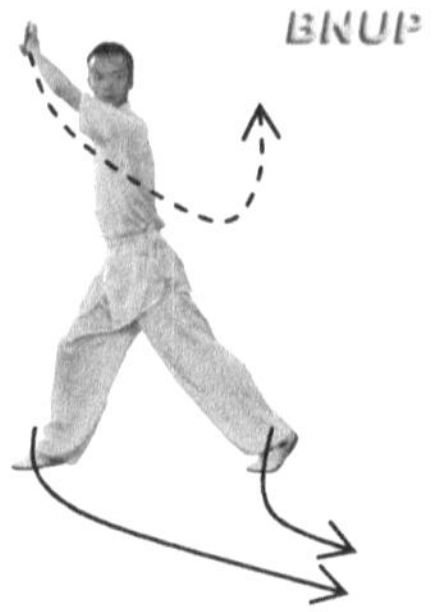

图 4-5-32

图 4-5-33

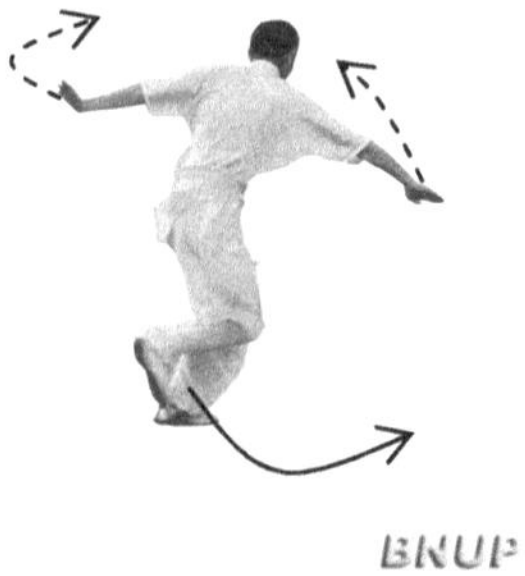

图 4-5-34

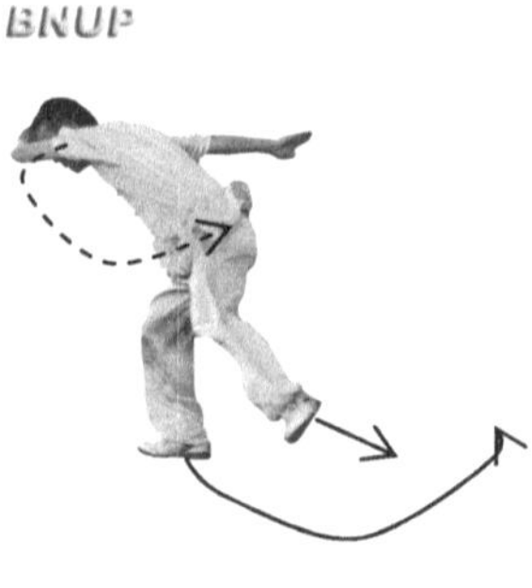

图 4-5-35

图 4-5-36

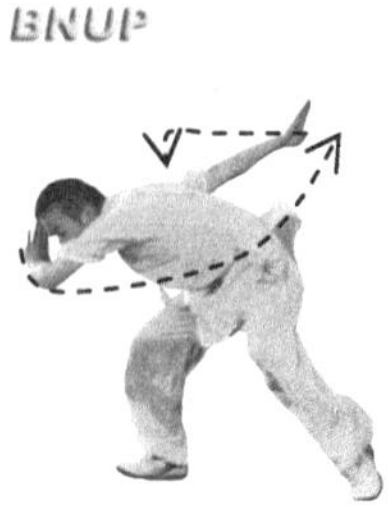

图 4-5-37

图 4-5-38

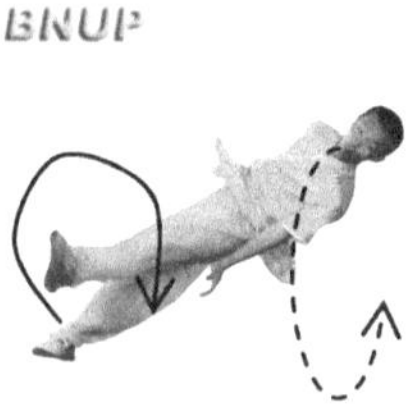

图 4-5-39

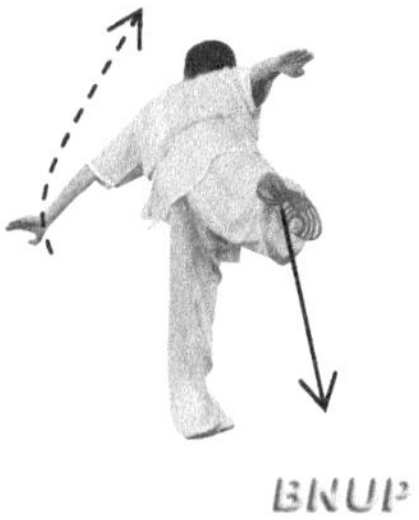

图 4-5-40

要求与要点：

1. 上步动作要上下肢连贯协调。

2. 腾空时以髋部带动右腿上抬，保持腾空高度。

3. 在腾空的瞬间左脚快速向右脚并拢。

4. 左臂上抬的同时，快速向左腋下穿插，逆时针转头转肩；转体 360 度完成后，右脚落步支撑，上体要求快速立腰抬头。

练习步骤：

1. 原地跳起 360 度转体练习。

2. 右腿后摆腿抬髋练习。

易犯错误和纠错方法：

1. 在做转体时上体没有与地面平行。

纠错方法：前俯身后摆腿练习。

2. 身体转速不够。

纠错方法：原地跳起快速转体练习。

3. 摆腿高度不够。

纠错方法：后摆腿抬髋练习。

>>> 练习与思考

1. 简述基本功的作用。

2. 何为直摆性腿法和屈伸性腿法？

第五章　实践部分

内容提要

根据武术大纲及众多高校的实际情况，本章汇编了拳术和器械共七个武术套路供学生学习之用。

第一节　拳术套路

一、少林拳十八法

少林拳十八法是传统拳术套路的精选范例。该套路在内容编排和练习方法上十分重视攻防特征体现的打练结合和内外兼修，强调健身强体的同时培养自卫防身的意识、提高攻防格斗的动作能力。

该套路动作朴实、实用性强、简单易学，全套只有18个具有鲜明攻防特征的技术动作，往返有两段。每个动作都从攻防特征出发，不是主动进攻，就是防守反击，一招一式都富含攻防格斗原理。另外，每个动作都有一个传统动作名称，用词生动，比喻形象，富有兴趣。把它引入本教材作为教学内容，主要是突出中国武术的技击性和青少年学习的兴趣性，以达到和实现高校体育专业武术教育、教学的基本目的。

动作名称：

（一）准备势

（二）预备势（旗鼓势）

（三）马步格挡冲拳（一马当先）

（四）蹬腿冲拳（猛虎扑食）

（五）马步勾拳（霸王敬酒）

（六）劈掌勾踢（铁牛犁地）

（七）抱腿撞肩（野猪撞墙）

（八）抱腰翻身（豹子回头）

（九）横掌斩颈（横扫千军）

（十）跪腿靠摔（拐老下山）

（十一）穿裆扛摔（老虎扛猪）
（十二）顶肘砸肘撞肘（犀牛顶角）
（十三）拦腿肩靠（贴身靠墙）
（十四）缠腕拿腕（顺藤摸瓜）
（十五）过肩投摔（背包过山）
（十六）砍颈踩膝（切梁断柱）
（十七）背后勒颈（鼠狼偷鸡）
（十八）扭头掏裆（釜底抽薪）
（十九）圈胯扣膝（玉带落腰）
（二十）刺喉撞膝踹踢（马踹丹田）
（二十一）结束势（旗鼓势）

动作过程

（一）准备势

身体直立，挺胸收腹，精神饱满（图 5-1-1）。

1. 动作要点：头与身体竖直，意守丹田。

2. 主要攻防含义：练习拳术之前，内心沉着冷静，要有准备战斗的意识。

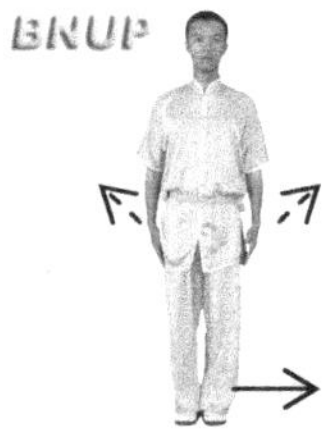

图 5-1-1

（二）预备势（旗鼓势）

1. 动作过程

左脚向左分开同肩宽，脚尖向前；同时两掌由体侧划弧向上，在头部正上方合掌，慢速下降至腹部前方，掌指相对，掌心向下；双目微闭，全身放松，意守丹田，约 10 秒（图 5-1-2）；左脚向左开步，身体向左转 90 度；两腿屈膝下蹲成半马步，同时双手握拳向前伸出，左掌在前，高于鼻尖，右拳在后，置于下腭右侧；目视前方（图 5-1-3、图 5-1-4、图 5-1-5）。

图 5-1-2

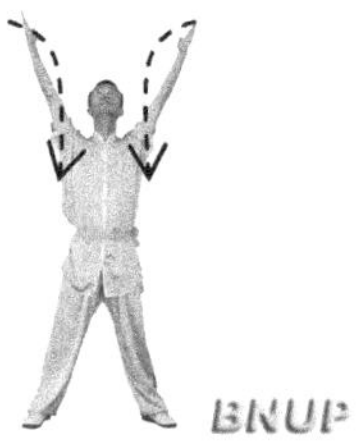

图 5-1-3

图 5-1-4

图 5-1-5

2. 动作要点

两拳前后相对成一直线，双肘下垂；两膝稍向内裹，有向内的绞劲；重心在两脚中间。

3. 主要攻防含义

左拳置于鼻子正前方，可以随时刺探对方虚实，同时也因为距离对方近而造成威胁；右拳置于下腭前方，既保护自己头部与身体，同时蓄劲藏力，以便随时出击。

“旗鼓势”也称实战准备势，古今中外很多形式的格斗运动，大多采用与此近似的动作为预备势，如拳击、散打、跆拳道、空手道等。

（三）马步格挡冲拳（一马当先）

1. 动作过程

右脚蹬地，左脚屈膝成弓步，同时身体向左拧转，左臂屈肘竖直向左格挡，右拳从下腭右侧向前冲出（图 5-1-6）。

图 5-1-6

2. 动作要点

右拳冲出必须借助右腿蹬地和身体拧转的身体推进力，使力量集中到右拳面，加大冲击力量。

3. 主要攻防含义

左臂格挡以小臂尺骨向外为宜，因为尺骨一侧血管神经比较少，相对比较坚硬，也利于磕碰；右拳向前打击的目标为对方的“胃三角”区，即胸骨柄端与左右肋骨构成的腹部三角区，这是身体正面的脆弱部分（图 5-1-7）。练习时要有格挡后迅速出击、“一马当先”杀向对方的勇猛气势。

图 5-1-7

（四）蹬腿冲拳（猛虎扑食）

1. 动作过程

右拳收回至腰侧，左拳向前冲出，同时右腿屈膝提起后向前勾脚尖蹬出（图 5-1-8）；右脚向前落地成弓步，同时身体向左拧转，右拳向前方冲出，左拳收回至腰侧（图 5-1-9）。

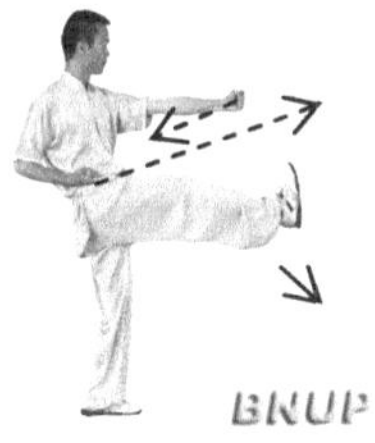

图 5-1-8

图 5-1-9

2. 动作要点提示

右腿蹬出，向前落地时要用力踩踏成弓步，同时冲右拳。

3. 主要攻防含义

左拳上击对方鼻子，右腿蹬踢击对方腹部，上下同时进攻后，随之右拳打击对方心窝，三次快速连续地打击对方身体要害部位。这组连续攻击的动作，要如“猛虎扑食”一般。

（五）马步勾拳（霸王敬酒）

1. 动作过程

右脚后撤半步，身体稍向右拧转，左拳收抱于腰间，右臂屈肘内收，拳心向内（图 5-1-10）；左脚上半步，同时身体向右拧转；右拳收至腰间，左拳由下向上勾（图 5-1-11）。

2. 动作要点提示

右拳下收要有力，与左拳向上勾要同时，形成上下的合力。

3. 主要攻防含义

这是近距离的攻击技术，当对方靠近时，我方迎上，右手抓握对方向下用力拉扯，迫使对方低头；左拳乘对方低头的同时向上勾打，形成上下合击（图 5-1-12）。此势取以强凌弱之势，比喻强者右手拉对方的头，左手举“酒杯”强迫对方“饮酒”。

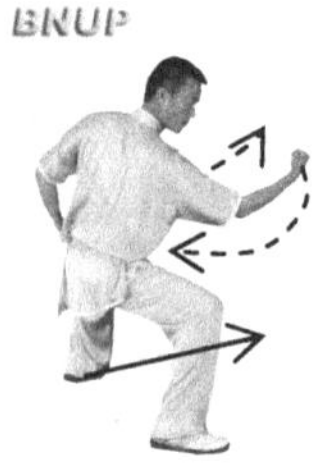

图 5-1-10

图 5-1-11

图 5-1-12

（六）劈掌勾踢（铁牛犁地）

1. 动作过程

右脚向右前方上一小步，上体略向左闪，同时双掌由里向上、向外、由左向右格挡（图 5-1-13）；身体向左拧转，左脚跟擦地勾踢，同时双掌向左下方斜劈，掌心相对（图 5-1-14）。

2. 动作要点提示

勾踢与劈掌要上下斜向的合力。

3. 主要攻防含义

屈肘向右格挡，并借格挡时手臂的上举之势，两掌斜劈对方颈部，同时左脚勾踢对方的踝关节（图 5-1-15）。此势上砍下勾踢，击倒对方有如“铁牛犁地”时的外翻土地。

图 5-1-13

图 5-1-14

图 5-1-15

（七）抱腿撞肩（野猪撞墙）

1. 动作过程

左脚向左侧方落一步，同时双手上举，掌心向外（图 5-1-16）；右脚向前上一大步，左脚随之跟进，同时身体下蹲，在双手向下环抱的同时以右肩前撞（图 5-1-17）。

图 5-1-16

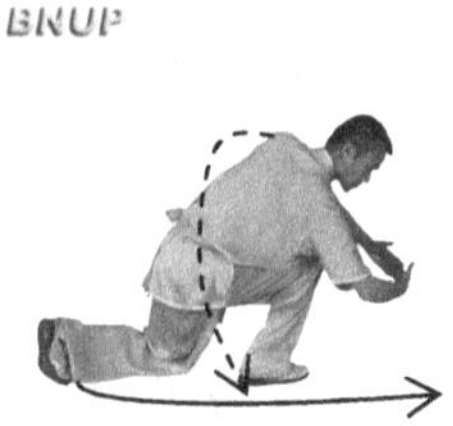

图 5-1-17

2. 动作要点提示

身体下蹲双手向下环抱的动作要突然。右肩前撞要用右脚蹬地产生的身体冲力。

3. 主要攻防含义

两臂上举格挡化解对方的打击力，随即两手从后面控制对方膝窝，用肩撞倒对方（图 5-1-18）。此势蹲身控制并前撞对方，此勇猛之势有如“野猪撞墙”。

图 5-1-18

（八）抱腰翻身（豹子回头）

1. 动作过程

双手动作不变，左脚向右脚后插步（图 5-1-19）；双手动作不变，身体向左后方翻转 360 度，头向左后甩（图 5-1-20）。

图 5-1-19

图 5-1-20

2. 动作要点提示

翻转时要拧腰甩头。

3. 主要攻防含义

这是典型的抱腰摔技术，两手同时抱住对方腰部扣紧，然后带动对方身体迅猛旋转，将对方摔出倒地（图 5-1-21）。此势用两手控制对方并突然转身扭头，有如猎豹捕住猎物翻身撕咬，此势勇猛灵活，喻为“豹子回头”。

图 5-1-21

（九）横掌斩颈（横扫千军）

1. 动作过程

右脚上步，身体向右拧转，左拳向上勾击（图 5-1-22）；左脚上步，身体左拧转；右掌以大拇指侧为力点，从外向内横向勾斩（图 5-1-23）；右腿蹬地伸直，同时右掌以小指侧掌根为力点，由内向外横击（图 5-1-24）。

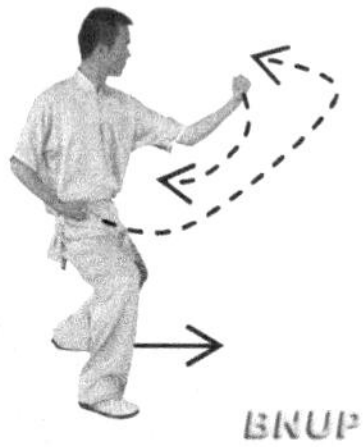

图 5-1-22

图 5-1-23

图 5-1-24

2. 动作要点提示

左拳上勾要有力，右掌横向勾斩、向外横击要连贯。

3. 主要攻防含义

左勾拳上击对方腹部（图 5-1-25）；右臂力点在大拇指根部，与小臂桡骨侧构成一“弯刀”状，勾击对方颈部后方（图 5-1-26）；用右掌根部向对方咽喉劈砍（图 5-1-27）。此势由三个攻击技术组成，连续变向攻击威力较大，有猛打猛冲“横扫千军”的无畏气概。

图 5-1-25

图 5-1-26

图 5-1-27

（十）跪腿靠摔（拐老下山）

1. 动作过程

上体后闪，右腿屈蹲成左仆步，同时双手向后挂挡（图 5-1-28）；右脚蹬地，左脚向前跃步成弓步，同时两掌向前推出（图 5-1-29）；右脚向前向外划弧下跪，同时右手按在右膝上，左手按于右肩（图 5-1-30）。

图 5-1-28

图 5-1-29

图 5-1-30

2. 动作要点提示

跃步要轻；推掌要有力；右腿划弧下跪要自然协调。

3. 主要攻防含义

这是中国式摔跤的“小得合”动作。用右腿缠住对方左踝关节，身体向前方地面坐靠，摔倒对方（图 5-1-31）。此动作形似“拐子”下山坡，比喻为八仙中的“铁拐李下山”。

图 5-1-31

（十一）穿裆扛摔（老虎扛猪）

1. 动作过程

右腿轻提，左脚跳起换步，转体 180 度成左丁步，同时左掌向下切按，右掌上摆至左肩（图 5-1-32）；左脚上步成弓步，同时左掌上架，右掌随之前伸（图 5-1-33）；上动不停，右脚向前上一步成半马步，同时左手向上划弧抓拉，右掌向前下方伸插（图 5-1-34）；上动不停，上体向左拧转，重心转换至右腿，同时左手继续抓拉至身体左侧。右掌变拳向上抄起至头上（图 5-1-35）。

图 5-1-32

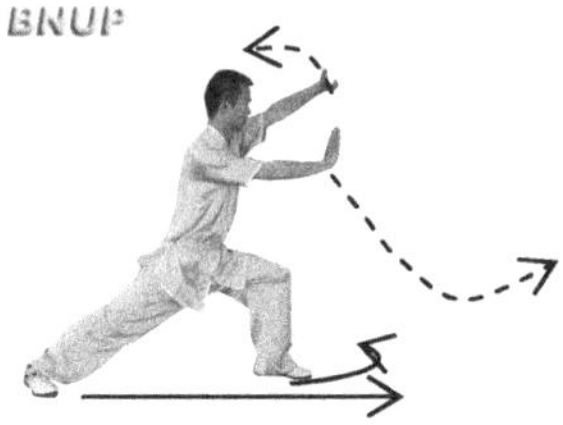

图 5-1-33

图 5-1-34

图 5-1-35

2. 动作要点提示

两手的动作在头上划弧进行，要借助身体拧转的力量。

3. 主要攻防含义

两手在退守中上下格挡对方的攻击；乘机用左手抓对方左手腕向左上方拉引，随之右脚前插，右手穿入对方两腿之间，用右肩扛起对方身体，全身合力将对方投摔出去（图 5-1-36）。这是典型的用肩扛摔，从下面潜入对方两腿之间，将对方身体扛起后投摔出去，有如老虎咬住猎物向上甩起，因此比喻此势为“老虎扛猪”。

图 5-1-36

（十二）顶肘砸肘撞肘（犀牛顶角）

1. 动作过程

左脚后撤一步成马步，同时右臂屈下落随即向前方顶出，左掌掌根顶按右拳（图 5-1-37）；上动不停，身体向右拧转；右足跟进至左脚内侧成并步，同时左掌握拳，屈肘由上向下砸至胸前（图 5-1-38）；上动不停，右脚向前跨一步成右弓步，同时右肘向前上方挑撞（图 5-1-39）。

图 5-1-37

图 5-1-38

图 5-1-39

2. 动作要点提示

顶肘要向前平顶；砸肘要由上垂直下砸；挑肘要借助身体向前上挺时的力量。

3. 主要攻防含义

在退步时右肘向前顶撞，攻击对方心窝（图 5-1-40）；如对方向下抱腿，则用左肘由上向下砸击对方背部（图 5-1-41）；对方后退则抢步抬肘撞击对方下腭（图 5-1-42）。此势从三个方向用肘部连续攻击，犹如“犀牛顶角”。

图 5-1-40

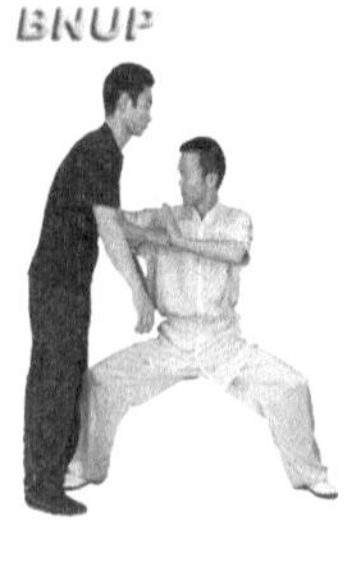

图 5-1-41

图 5-1-42

（十三）拦腿肩靠（贴身靠墙）

1. 动作过程

身体向右拧转；左脚跟进至右脚内侧震脚成并步，同时双手在胸前合掌，拍掌有声（图 5-1-43）；上动不停，左足向前跨出一步成半马步，同时两臂分开，两掌外旋掌心向上（图 5-1-44）。

图 5-1-43

图 5-1-44

2. 动作要点提示

两拳合击时要含胸；随即身体展开分掌靠击。

3. 主要攻防含义

左脚从对方背后插入，拦住对方右腿，使之不能移动；左手从对方咽喉部切入，左肩靠击对方身体，迫使对方倒地（图 5-1-45）。因应用时必须身体侧面贴切对方身体，故比喻为“贴身靠墙”。

图 5-1-45

（十四）缠腕拿腕（顺藤摸瓜）

1. 动作过程

右腿蹬地成左弓步，同时右拳向前冲出（图 5-1-46）；右脚上步成右弓步，同时左拳和右拳依次连续冲出（图 5-1-47、图 5-1-48）；身体姿势不变，左手抓住右手腕（图 5-1-49）；上动不停，身体向右拧转，左脚撤步至左脚向后成并步，同时右拳变掌外旋缠绕，双手收至右腰侧（图 5-1-50）；左脚上步成弓步，同时双手向上合抓，掌心向外，拇指向下（图 5-1-51）；上动不停，身体重心前移，上体前俯，同时双向下划弧外旋，使掌心向上（图 5-1-52）。

图 5-1-46

图 5-1-47

图 5-1-48

图 5-1-49

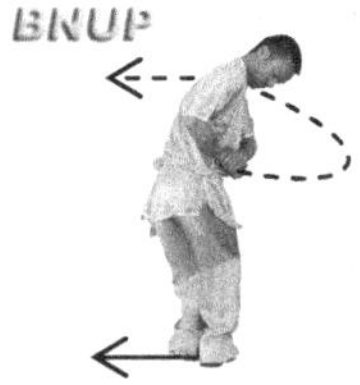

图 5-1-50

图 5-1-51

图 5-1-52

2. 动作要点提示

冲拳要连续有力；“切腕”和“卷腕”动作要借助身体的动作和力量。

3. 主要攻防含义

三拳连续击打对方的心窝与头部。如果对方右手抓我右手，则用左手抓握对方右手，使右手切对方的手腕，这个动作就是“切腕”擒拿（图 5-1-53、图 5-1-54），若再有机会，则双手抓住对方的一只手，向内卷压对方的手腕关节，这个动作就是“卷握”擒拿（图 5-1-55、图 5-1-56）。这两个动作就是在连续冲拳后顺势使用的以技巧制伏对方的动作，故将其比喻为“顺藤摸瓜”。

图 5-1-53

图 5-1-54

图 5-1-55

图 5-1-56

（十五）过肩投摔（背包过山）

1. 动作过程

上体抬起，同时左掌内旋上架，右掌随之向前伸托（图 5-1-57）；上动不停，右脚上步，身体向左拧转 180 度成马步，同时左掌收落至右肩前，右掌上提至头上（图 5-1-58）；上动不停，上体前俯低头，同时右掌由上向下落按，左掌随之后摆变勾（图 5-1-59）。

图 5-1-57

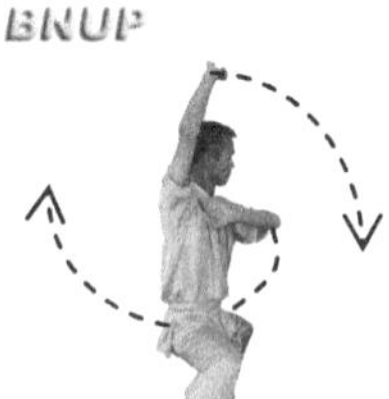

图 5-1-58

图 5-1-59

2. 动作要点提示

上体前俯时必须低头，同时双手配合用力。

3. 主要攻防含义

对方向我攻击时，迎上前去转身将对方从背后大幅度腾空摔出去，这是摔法中难度较大和效果最好的技术（图 5-1-60），这种技术使用时必须先将肩膀顶住对方右腋，身体贴近对方胸部，把对方重心吊起才能控制对方重心；

向下折腰时，右手、头与身体需要整体向下，产生强大爆发力，将对方从自己的肩膀上方投摔出去，在中国式摔跤中称之为“大背包”。此势把肩膀比喻为“山”，把对方比喻为“背包”，故名“背包过山”。

图 5-1-60

（十六）砍颈踩膝（切梁断柱）

1. 动作过程

身体右转 90 度，双脚向内屈膝并拢，同时双手向下环绕后在胸前合掌（图 5-1-61）；上动不停，右脚向右侧下方踹踩；同时两臂分展，右掌向右横砍，左掌向左侧方撑掌（图 5-1-62）。

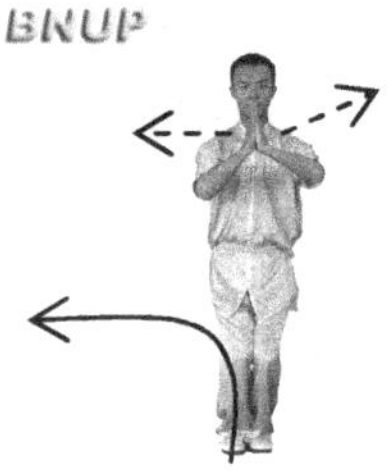

图 5-1-61

图 5-1-62

2. 动作要点提示

踹踩和两臂分展横击要同时进行。

3. 主要攻防含义

避开对方的攻击并闪身接近，同时右掌横砍咽喉，右脚侧踹对方膝关节，上下反击对方的两处薄弱部位（图 5-1-63）。右掌砍对方咽喉，喻为“切梁”；右脚踹对方膝关节，喻为“断柱”。

图 5-1-63

（十七）背后勒颈（鼠狼偷鸡）

1. 动作过程

右脚落地成弓步，同时左手立掌向内格挡（图 5-1-64）；左脚上步成弓步，同时右手立掌向内格挡（图 5-1-65）；右脚上步，左膝提膝成独立步，同时右臂屈肘，左手抓握右手腕（图 5-1-66）；右腿蹬伸，左脚落地成左弓步，同时上体向左拧转，双手要力（图 5-1-67）。

图 5-1-64

图 5-1-65

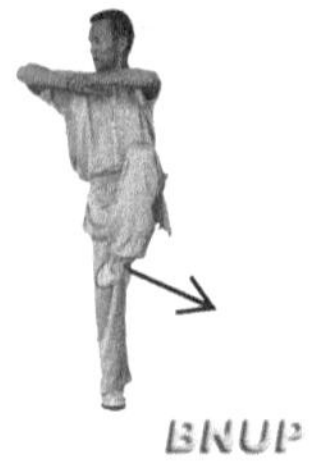

图 5-1-66

图 5-1-67

2. 动作要点提示

格挡动作要轻灵；锁喉要用身体的合力。

3. 主要攻防含义

图 5-1-68

左右上步格挡从侧面接近对方，突然从对方背后偷袭，又右手紧勒对方喉咙，窒息对方呼吸，从而制伏对方（图 5-1-68）。插入对方身后，突然袭击夹住对方喉咙并快速制伏对方，取“鼠狼偷鸡”时的巧妙，像黄鼠狼咬鸡颈时的凶狠准确。

（十八）扭头掏裆（釜底抽薪）

1. 动作过程

身体重心移至右腿成右弓步，同时右手先向前伸抓，左手在右手下随之伸托，然后双手同时用力顺时针拧转（图 5-1-69），左脚上步成半马步，同时左手向上架挡，右手随之前伸（图 5-1-70）；身体重心前移至左脚成弓步，同时右手握拳向后拉拽至右腰间，左手随之向下切按（图 5-1-71）。

图 5-1-69

图 5-1-70

图 5-1-71

2. 动作要点提示

双手拧转要同时用力，拉切的动作要有分寸。

3. 主要攻防含义

迎着对方扑上去，用两手控制对方头部向下拧转，这样的动作俗语称“狮子大张口”，两手如站开“大口”，将对方脑袋吞入，具有很强的杀伤力（图 5-1-72）；左手拦挡对方的手臂，右手掏抓对方裆部，然后双手交错用力，将对方放倒（图 5-1-73）。此动作是从下面掏空对方的基础，因此喻为“釜底抽薪”。

图 5-1-72

图 5-1-73

（十九）圈胯扣膝（玉带落腰）

1. 动作过程

右脚向左脚并步，同时左肘向外划弧上提后向下砸击，右拳变掌随之前伸至左肘旁（图 5-1-74）；上动不停，右腿向内缠绕，左脚随之屈膝向前垫步轻跳，同时双手向内合抱（图 5-1-75）。

图 5-1-74

图 5-1-75

2. 动作要点提示

右腿缠绕，双手向内合抱时身体要向下坠。

3. 主要攻防含义

对方俯身抱腿，我用肘下砸对方背部；对方后撤，我顺势两手抱住对方腰部，右腿缠绕对方膝关节，然后身体下滑，右肩顶靠对方腹部，迫对方倒地（图 5-1-76）。使用此动作时，缠抱对方腰部身体向下滑坠，同“腰带”下落，故名之“玉带落腰”。

图 5-1-76

（二十）刺喉撞膝踹踢（马踹丹田）

1. 动作过程

右脚向前落地成右弓步，同时双掌向前上方穿出（图 5-1-77）；上动不停，双手握拳向后拉拽至腰间，同时左膝向上提顶（图 5-1-78）；身体左转 90 度，左脚下震成并步，同时右掌举至左肩前，左掌向下切按（图 5-1-79）；上动不停，双手握拳在身前防护；同时左腿向侧踹踢（图 5-1-80）。

图 5-1-77

图 5-1-78

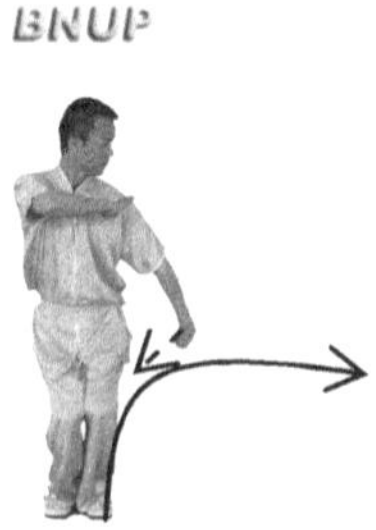

图 5-1-79

图 5-1-80

2. 动作要点提示

双穿掌要快速准确；膝撞要平稳凶猛；侧踹要展胯。

3. 主要攻防含义

迎着对方用双掌指戳刺对方咽喉，力点在两手中指端部（图 5-1-81）；对方避开，我则双手抓住对方肩膀下拉，同时左膝向上撞击对方腹部（图 5-1-82）；左腿踢对方腹部，同时手臂保护自己身体（图 5-1-83）。左腿侧踹有如“野马弹蹄”，踹踢对方腹部丹田位置，比喻为“马踹丹田”。

图 5-1-81

图 5-1-82

图 5-1-83

（二十一）结束势（旗鼓势）

1. 动作过程

左脚落地成半马步，同时两拳上举，还原成“旗鼓势”（图 5-1-84）；身体右转 90 度，左脚内收半步站起，同时双手由下向上再向下划一个圆圈，并由拳变掌置于腹前，掌心向下，掌指相对；意守丹田，约 10 秒（图 5-1-85、

图 5-1-86、图 5-1-87）。左脚向右脚并步，同时双手自然下垂；目视前方（图 5-1-88）。至此，少林拳十八法套路演练完毕。

图 5-1-84

图 5-1-85

图 5-1-86

图 5-1-87

图 5-1-88

2. 动作要点提示

呼吸平稳，精神饱满。

二、新编初级长拳（北京拳）

（一）动作名称

起势

1. 预备动作
2. 高虚步上撑掌

第一段

3. 弓步冲拳
4. 蹬腿冲拳
5. 顺弓步冲拳
6. 并步砸拳
7. 弓步上架冲拳
8. 上步弓步推掌
9. 弓步双摆掌
10. 弓步勾手撩掌
11. 斜拍脚
12. 弓步上架推掌

第二段

13. 转身盖掌弓步冲拳
14. 提膝推掌
15. 大跃步前穿
16. 弓步连环冲拳

17. 击拍右脚
18. 弓步顶肘
19. 转身弓步撩掌
20. 高虚步亮掌

第三段

21. 弓步架冲拳
22. 提膝挑掌
23. 击步腾空飞脚
24. 仆步穿手亮掌

第四段

25. 弓步按掌
26. 丁步按掌
27. 上步里合腿
28. 弓步勾手推掌
29. 转身左拍脚
30. 右拍脚
31. 腾空飞脚
32. 弓步架冲拳
33. 转身歇步推掌
34. 退步抡臂仆步拍脚
35. 弓步上架冲拳
36. 提膝上架
37. 并步砸拳
38. 虚步架栽拳

收势

39. 弓步双穿掌
40. 并步按掌

（二）动作说明

起势：

1. 预备动作

（1）直立，两脚并拢，眼看前方（图 5-2-1）。

（2）屈肘，两手握拳抱于腰侧，拳心向上，同时头向左转（图 5-2-2）。

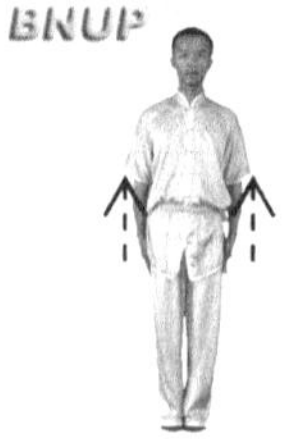

图 5-2-1

图 5-2-2

2. 高虚步上撑掌

（1）右脚向右斜前方上步，左腿蹬直成右弓步，同时左拳变掌，掌心向上，向右斜前方穿出，略高于肩，眼看左掌（图 5-2-3）。

（2）上动只略停，右腿迅速蹬直，左脚移至右脚前成虚步，脚尖点地，脚面绷平；左掌收回腰间抱拳，右拳变掌，手指朝上，掌心朝后，直向肩上方穿出，在臂将伸直时翻掌，使掌心朝上，手指朝左，同时头向左转，眼看左方（图 5-2-4）。

图 5-2-3

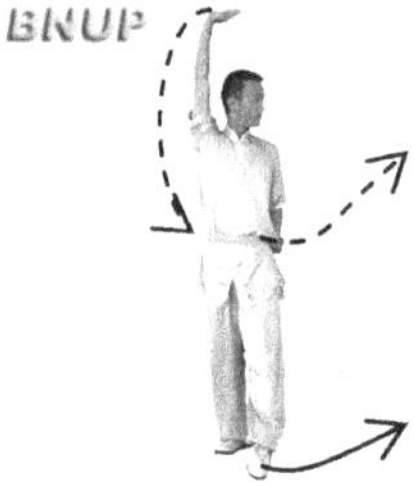

图 5-2-4

第一段：

3．弓步冲拳

左脚向左上一步，左拳在腰侧由前向右弧形格打，拳眼朝左收至腰间；右腿蹬直左腿屈膝成左弓步，右掌变拳由上向右下绕臂至右腰侧变拳，由腰间旋转快速向前冲出，高肩平，目视冲拳方向（图 5-2-5、图 5-2-6）。

图 5-2-5

图 5-2-6

4．蹬腿冲拳

右腿屈膝提起，脚尖勾起朝上，猛力向前蹬出，腿蹬直，脚与腰高；同时右拳收至腰间，左拳旋转向前冲出，拳心向下，高与肩平，目视前方（图 5-2-7）。

图 5-2-7

图 5-2-8

5．顺弓步冲拳

右脚向前落步屈膝，左腿迅速蹬直，成右弓步，同时左拳收至腰侧，右拳利用上体左转，左腿蹬直的力量向前冲出，拳心朝下，眼看右拳前方（图 5-2-8）。

6. 并步砸拳

身体略向左转，重心移至左腿，右腿屈膝提起，右掌侧平举，左拳向上举起，手臂伸直，右脚向下震脚成并步半蹲时，左掌移至小腹前，掌心朝上，右拳由头上向下，拳背朝下砸左掌，眼看右拳（图 5-2-9、图 5-2-10）。

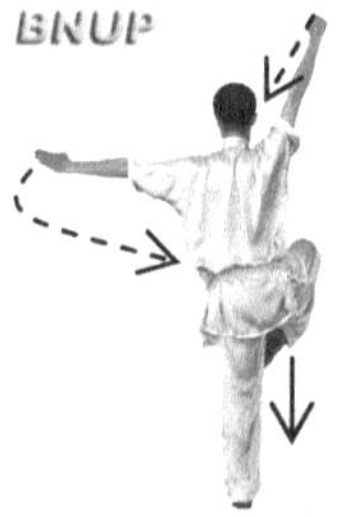

图 5-2-9

图 5-2-10

7. 马步上架冲拳

（1）双腿用力蹬地跳起，上体右转，右臂由下往右上架起，左拳抱至腰侧（图 5-2-11）。

（2）上体转至 180 度时，左、右脚迅速并开落地成马步；同时，左拳由腰侧随转腰力量向前冲出，眼看冲拳方向。右臂稍屈肘架于右肩上方，拳心朝上（图 5-2-12）。

图 5-2-11

图 5-2-12

8. 上步弓步推掌

右腿向前上步成右弓步；左拳收至腰侧，右拳变掌由右后经腰侧向前推出，眼看推掌方向（图 5-2-13）。

9. 弓步双摆掌

上体左后转，成左弓步；左拳在身前往右伸至右肩处变掌，与右掌一起从右向上、向左弧行摆臂至左侧方成侧立掌，左掌直臂平举，右臂屈肘使掌心靠近左肘处，两掌指均朝上，眼看摆掌方向（图 5-2-14）。

图 5-2-13

图 5-2-14

10. 弓步勾手撩掌

(1) 左腿全蹲，右腿成仆步，上体随之右转俯身；同时左掌内转，反臂成勾手，勾尖朝上略高于肩，左臂伸直；右掌外翻，掌心朝外，拇指朝下，从体前向右脚处横搂；眼看右掌（图 5-2-15）。

(2) 上动不停；右掌继续向身后搂去，至身后反臂成勾手，勾尖朝上；同时右腿成弓步，左勾手变掌，掌心朝下，以掌心为力点，从后向下，向前撩起成仰掌，前举略低于肩，眼看左掌（图 5-2-16）。

图 5-2-15

图 5-2-16

11. 斜拍脚

重心前移至右腿，左腿向前摆起，脚面绷平，高于腰或肩（尽量高踢）；同时左掌收至腰侧抱拳，右勾变掌从后向上向前绕肩，绕过头部时，掌心朝下，向左脚面击拍，眼看左脚（图 5-2-17）。

图 5-2-17

图 5-2-18

12. 弓步上架推掌

左脚向前落步成左弓步；同时右掌向外翻转，右臂举至头上方，掌心朝上架起，左拳变掌由腰侧向前推出，掌指朝上，眼看推掌方向（图 5-2-18）。

第二段：

13. 转身盖掌弓步冲拳

（1）向右后转体，重心移至左腿上，迅速抬右腿收回至左腿右前方震脚，同时左腿屈膝提起，左脚内侧靠于右膝内侧，右腿半蹲；同时右掌从上向右向下收至腰侧抱拳，左掌从左向上向右直臂摆动下压至体前与肩平，掌心朝下，掌指朝右，眼看前方（图 5-2-19、图 5-2-20）。

（2）上动不停。左脚向前落步屈膝，右腿蹬直成左弓步；同时，右拳向前擦左掌背冲出，拳心朝下，左臂屈肘，左掌背贴于右上臂下方，掌心朝下，眼看冲拳方向（图 5-2-21）。

图 5-2-19

图 5-2-20

图 5-2-21

14. 提膝推掌

重心后移至右腿上，左腿屈膝提起，右腿蹬直站立；同时右拳收至腰间抱拳：左掌顺右臂下向前推出，掌指朝上，眼看推掌方向（图 5-2-22）。

图 5-2-22

图 5-2-23

15. 大跃步前穿

（1）左脚向前落步，两腿微屈；左掌向右下摆至左身后，右拳变掌由后向上向前摆至左膝处，眼看右掌（图 5-2-23）。

（2）右腿。屈膝向前提起，左腿立即猛力蹬地向前跃出；两臂向前向上划弧摆起，眼看右掌（图 5-2-24）。

（3）右腿落地下蹲，左腿随即向前铲出成仆步，右掌变拳抱于腰侧，左掌由上向右向下划弧于右肩处成立掌，眼看前下方（图 5-2-25）。

图 5-2-24

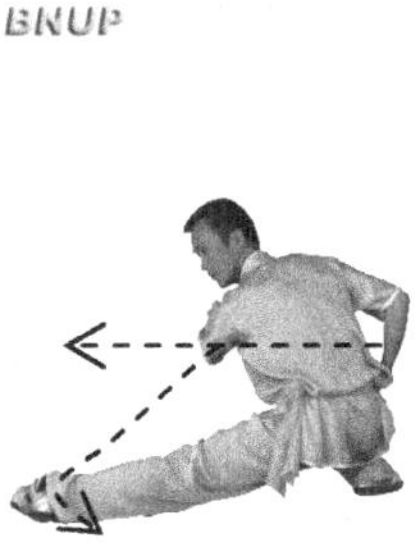

图 5-2-25

16. 弓步连环冲拳

（1）上动不停。右腿蹬直成左弓步，左掌经左脚面向后搂手抱拳，右拳旋转向前冲出，拳心向下，眼看前方（图 5-2-26、图 5-2-27）。

（2）上动不停。右掌收回至腰侧抱拳，左拳迅速旋转向前冲出，拳心向下，眼看前方（图 5-2-28）。

图 5-2-26

图 5-2-27

图 5-2-28

17. 击拍右脚

（1）左腿站起，右腿屈膝前提，左拳变掌举至前上方：右拳变掌由下向前向上摆起，右掌心向左掌心击响（图 5-2-29）。

图 5-2-29

图 5-2-30

（2）同时，右腿继续提起并向前摆起，脚面绷平，右掌即击响向上踢起的右脚面，击响点高于腰和肩（尽量高踢）。左臂在击响后向左后方举起眼看右脚（图 5-2-30）。

18. 弓步顶肘

（1）上动不停。右腿屈膝下落，右脚扣在左支撑腿后；同时两臂从上向左向下，右掌屈肘停于左胸前，左后摆至侧平举成立掌，掌心均朝外，眼看左掌（图 5-2-31）。

（2）右腿向右上一步，屈膝，左腿蹬直成右弓步；右掌变拳左掌推右拳，以右肘尖向右顶出，与肩平；眼看顶肘方向（图 5-2-32）。

图 5-2-31

图 5-2-32

19. 转身弓步撩掌

上体左后转，同时两脚跟着地左转，左腿屈膝，右腿蹬直成左弓步；同时左掌从胸前向下向左前摆，右拳变掌向上向右绕臂，以掌心为力点向前撩起成仰掌，略低于肩，左掌按于右前臂上面，掌心向下，眼看右掌（图 5-2-33）。

20. 高虚步亮掌

左腿蹬地、重心移至右腿上，左脚收回在右脚前，脚尖点地成虚步；右臂向下向右后绕环，屈肘抖腕，在头的右上方成亮掌，掌心向上，掌指向左；左臂从下向前向上抖腕成立掌，高与肩平，眼看左方（图 5-2-34）。

图 5-2-33

图 5-2-34

第三段：

21. 弓步架冲拳

（1）右腿屈膝全蹲，左腿向左出步成仆步，同时右臂从上向右向下屈肘、收至腰间抱拳，左臂向上向右绕臂至右胸前屈肘立掌，眼看左方（图 5-2-35）。

（2）上动不停，右腿猛力蹬直，左腿屈膝成左弓步；左掌同时向上屈肘横架，掌心向上；右拳向前冲出，拳心向下，眼看冲拳方向（图 5-2-36）。

图 5-2-35

图 5-2-36

22. 提膝挑掌

左掌由前向下按在右腕上，右拳同时变掌，屈肘与左掌交叉，眼看两掌，接着右掌从身前向下向后直臂绕行至肩平，抖腕挑掌，左掌则同时从身前向下向前直臂举起高与肩平抖腕挑掌，两掌指均向上；左腿用力向后提膝蹬起，重心移至右支撑腿上，眼看左掌前方（图 5-2-37、图 5-2-38）。

图 5-2-37

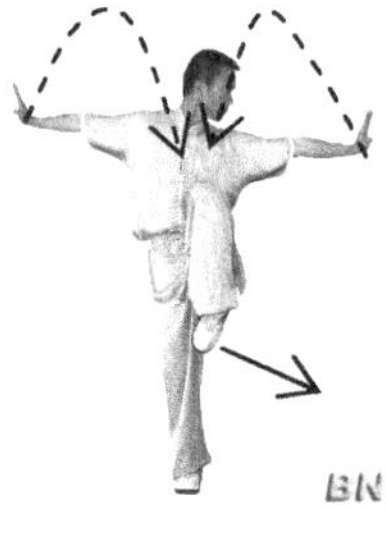

图 5-2-38

23. 击步腾空飞脚

（1）左脚向前落步，重心前移，左腿微屈，左掌向上向后屈肘绕至右胸前；同时右掌向上向前绕至左胸前（图 5-2-39）。

（2）左脚蹬地向前跳起，悬空时右脚即向左脚击碰，交叉在胸前的两臂同时向下摆，左掌由下直臂向前上摆出至与肩平，掌指向前，右掌由下向后摆出至与肩平，掌指向后，眼看左掌前方（图 5-2-40）。

（3）右脚落地，左脚向前落步；上体微向后倾，右脚迅速向前跨步，左臂上举，眼看前方（图 5-2-41）。

（4）上动不停。左脚离地向前摆起，右脚蹬地向上跳起，身体悬空。右掌同时由后向下向前向上与左掌在头前上方击响。在空中，右脚面绷平向前摆起。左臂向左后上方举起，右掌在额前击响右脚面（图 5-2-42）。

图 5-2-39

图 5-2-40

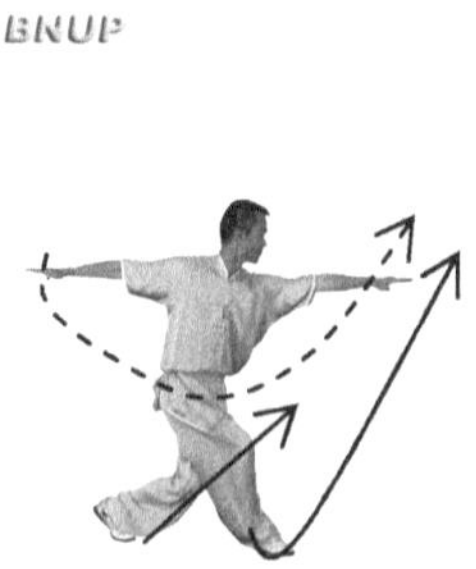
图 5-2-41

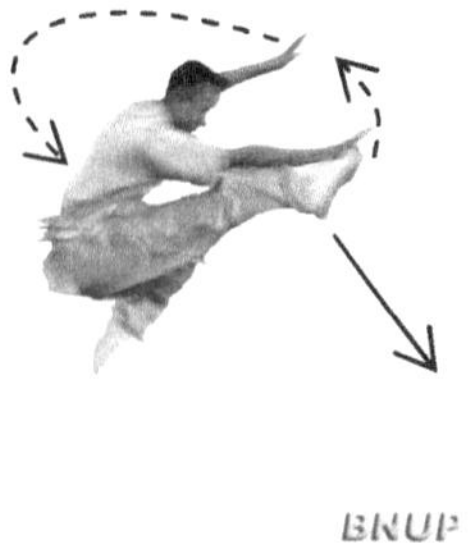
图 5-2-42

24. 仆步穿手亮掌

（1）左脚落地，上体左转，右脚在右侧落地。右腿伸直，左腿屈膝成左弓步；同时左掌收至腰侧抱拳，右掌随身体左摆从右向左横击砍掌，掌心朝上，眼看右掌（图 5-2-43）。

（2）上动不停；左腿蹬直，右腿屈膝成右弓步，上体侧身右倾；左拳变掌顺右臂向左上穿出，掌心朝上，右臂在胸前屈肘向下向右绕行，眼看右掌（图 5-2-44、图 5-2-45）。

（3）上动不停。右腿屈膝全蹲，左腿伸直成仆步；左掌同时向下向身后反臂屈腕成勾手，勾尖朝上，右掌从下向上绕行，在右上方抖腕亮掌，掌心朝上，眼平视左方（图 5-2-46）。

图 5-2-43

图 5-2-44

图 5-2-45

图 5-2-46

第四段：

25. 弓步按掌

右腿蹬直，左腿屈膝成左弓步；上体左转前倾，同时右掌从右上向左向下屈肘于左胸前成立掌，眼看右掌（图 5-2-47）。

26. 丁步按掌

上动不停；上体右转，右腿屈膝，重心移至右腿上；左腿收至右腿左侧并拢，左脚尖在右脚弓内侧点地成半蹲丁步；同时右掌从左胯向上向右绕行收至腰侧抱拳；左勾手变掌随上体右转臂向上，向右绕行屈肘于右胸前成立掌，眼看左方（图 5-2-48）。

图 5-2-47

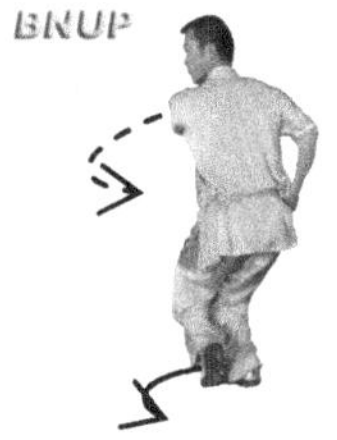

图 5-2-48

27. 上步里合腿

（1）上体向左转，左脚向左上步，脚尖左转；左掌从右向左搂手绕至左斜前方，左腕旋转，掌心朝外，臂与肩平，眼看左掌（图 5-2-49）。

（2）上动不停，重心移至左腿上，右腿从右向上向左摆起，右脚高过肩部，脚掌朝左；左掌翻转在额左前方击拍右脚掌（图 5-2-50）。

图 5-2-49

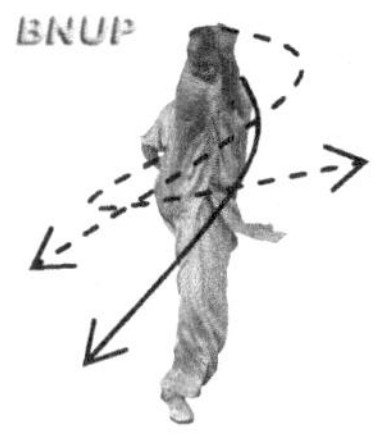

图 5-2-50

28. 弓步勾手推掌

上动不停，右脚向后落步，左腿屈膝成左弓步；左掌从体前向下向后摆至体后成勾手，勾尖朝上，右拳变掌向前推出，掌尖朝上，眼看推掌方向（图 5-2-51）。

图 5-2-51

29. 转身左拍脚

（1）以两脚为轴向右后转体 180°，随着转体，右臂向上，向右向下抡摆，同时左勾手变掌由下向前向上抡摆（图 5-2-52）。

（2）左腿伸直向前上方踢起，脚面绷平；左掌变拳收至腰侧，右掌由体后向上向前击响左脚面（图 5-2-53、图 5-2-54）。

图 5-2-52

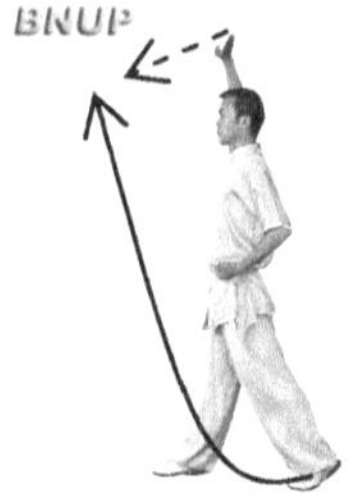

图 5-2-53

图 5-2-54

30. 右拍脚

（1）左脚向前落步，左拳变掌向下向后上摆，左掌变拳收至腰侧（图 5-2-55）。

（2）右腿伸直向前上方踢起，脚面绷平，左掌由上向前向下击响右脚面（图 5-2-56）。

图 5-2-55

图 5-2-56

31. 腾空飞脚

（1）右脚向前落地，上体微前倾（图 5-2-57）；

（2）左脚向前摆起，同时右拳变掌向前向上摆，与左掌在额前上方击响，右脚猛用力蹬地跳起，左腿继续上摆；右腿在空中伸直踢出，脚面绷平，右手击响右脚面，左臂由体前向后上举起（图 5-2-58）。

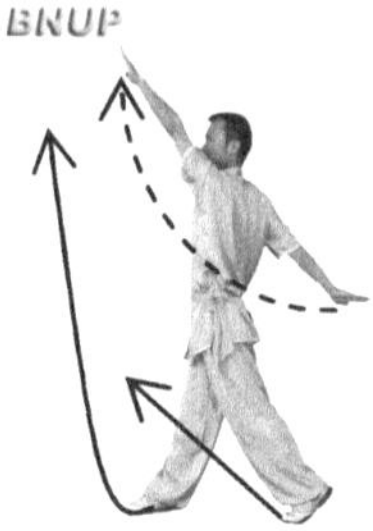

图 5-2-57

图 5-2-58

32. 弓步架冲拳

（1）左脚落地；右脚向前上一步；右掌变拳收至腰侧，左掌从后向前下抡摆至腹前，掌心向上，眼看左掌（图 5-2-59）。

（2）右腿屈膝。左腿蹬直成右弓步，左掌继续随上摆动，在头部上方成架掌，掌心朝上，同时右拳向前冲出，眼看冲拳方向（图 5-2-60）。

图 5-2-59

图 5-2-60

33. 转身歇步推掌

上体左转，两脚同时左转，左脚向右脚后退步，两腿全蹲成歇步，同时右拳变掌直臂向上，向左至胸前屈肘盖掌并收至腰侧抱拳，左掌与右掌同时抡臂经腰侧掌心朝上并在右臂盖掌时迅速向前推出，掌指朝上（图 5-2-61、图 5-2-62）。

图 5-2-61

图 5-2-62

34. 退步抡臂仆步拍脚

（1）右脚往后退步成弓步，右拳变掌直臂向前抡出，掌指朝前，左掌收至右腋下（图 5-2-63）。

（2）上动不停，上体右转，两脚同时右转，右腿稍屈膝，左腿蹬直，右臂向上向右抡臂，左臂向下向左抡臂，眼看右掌方向（图 5-2-64、图 5-2-65）。

图 5-2-63

图 5-2-64

图 5-2-65

(3) 上动不停，左腿屈膝全蹲，右腿伸直成仆步。左臂从上向前抡臂一圈停在后斜上方，右臂向下向身后抡臂一圈击响右脚面成仆步拍脚，眼看右掌（图 5-2-66）。

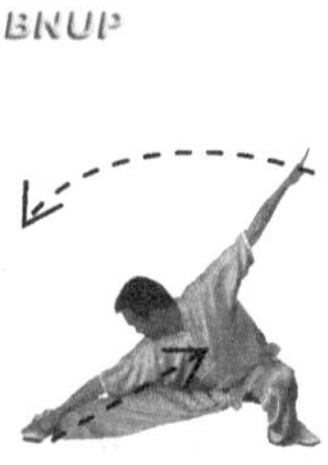

图 5-2-66

35. 弓步上冲拳

(1) 左腿蹬直，右腿屈膝成弓步；右掌收至腰侧变拳，左掌从上向右向下盖掌，与肩平，掌指朝右，眼看左掌（图 5-2-67）。

(2) 上体左转，左掌屈肘于右胸前，右拳贴身从胸前向头上方，眼看左方（图 5-2-68）。

图 5-2-67

图 5-2-68

36. 提膝上架

右腿蹬地提膝；重心移至左腿上，左腿站立成支撑腿，同时右拳从前向下向后抡臂，向上屈肘举于头右上方，拳心朝上；左掌屈肘下压，停于胯左侧，掌心朝下，掌指向右，眼看左方（图 5-2-69）。

图 5-2-69

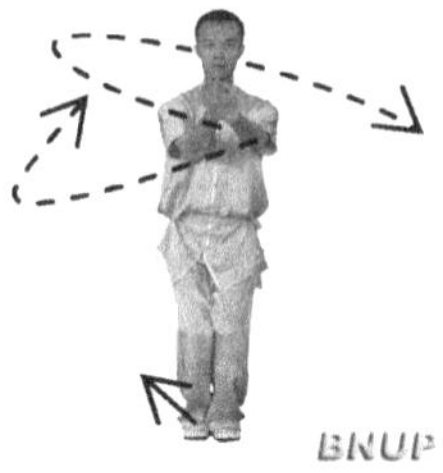

图 5-2-70

37. 并步砸拳

左腿屈膝下蹲，右脚顺左腿右侧向下震脚成并步半蹲；左掌移至腹前掌心朝上，右拳由上向下砸拳，手背朝下，与左掌击响，眼看右拳（图 5-2-70）。

38. 虚步架栽拳

(1) 右腿向右横一步，右拳从前向右后抡臂，左掌变拳从前向上向右屈肘，拳心朝里，上体右转，眼看右拳（图 5-2-71）。

(2) 重心移至右腿，屈膝半蹲，左脚向右上半步以脚尖点地，成右虚步；同时右臂向上屈肘举于头右上方，拳心朝上，左拳随之向下屈肘栽于左膝上面，拳眼朝里，眼看左斜前方（图 5-2-72）。

图 5-2-71

图 5-2-72

收势

39. 弓步双穿掌

左脚向后退一步成右弓步；右拳翻转变掌，掌心朝上，掌指向前，同时左拳变掌从后向下绕臂经腰侧，掌心朝上，两掌同时向胸前穿出，眼看穿掌方向（图 5-2-73）。

图 5-2-73

图 5-2-74

40. 并步按掌

(1) 右脚向后退一步，左腿微屈膝，两掌同时向下向两侧摆臂，掌背朝后，眼看右掌（图 5-2-74）。

(2) 上动不停。左脚退回并步成站立姿势；两臂继续由后向上摆臂，掌心向上，摆臂过肩后随即向里屈肘，掌心朝下，掌指相对，向下按掌，停于腹前，眼看左方（图 5-2-75、图 5-2-76）。

（3）转头眼看前方，两手直臂下垂，呈立正姿势（图 5-2-77）。

图 5-2-75

图 5-2-76

图 5-2-77

三、八式太极拳

预备势：

1. 并步站立：两脚并拢，自然直立，头颈正直；胸腹放松，肩臂松垂，两手轻贴于大腿外侧；精神集中，呼吸自然，眼向前平视（图 5-3-1）。

起势：

2. 左脚开步：重心先移至右腿，左脚轻轻向左分开半步，与肩同宽（图 5-3-2）。

3. 双臂前举：两手慢慢前举至肩高，肘微垂，掌心向下（图 5-3-3）。

4. 屈膝按掌：上体保持正直，两腿缓慢屈膝半蹲，同时两掌轻轻下按落至腹前，掌心向下，掌膝相对（图 5-3-4）。

图 5-3-1

图 5-3-2

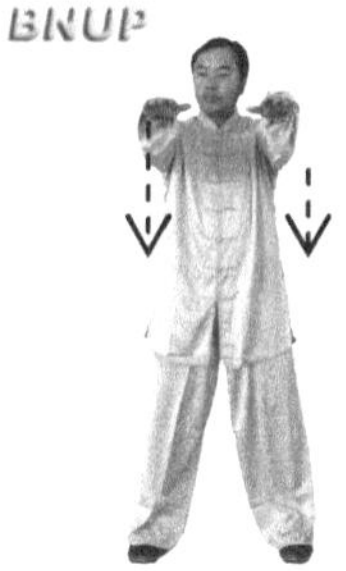

图 5-3-3

图 5-3-4

（一）卷肱势

1. 两手分举：上体右转，右臂外旋，右手向右后上方划弧斜举，臂微屈，掌心斜向上，高于耳平：同时左臂外旋，左手翻掌，掌心向上举于胸前，手指向前；眼看右手（图 5-3-5、图 5-3-6）。

图 5-3-5

图 5-3-6

2. 卷肱前推：上体左转，右臂屈肘内旋，右手由耳侧向前推出，掌心向内向前，手指向上；同时左臂屈肘后撤，收至左肋外侧，掌心向上；眼看右手方向（图 5-3-7、图 5-3-8）。

图 5-3-7

图 5-3-8

3. 两手分举：上体左转，右臂外旋，右手翻掌，掌心斜向上；同时左手随转体向左后划弧斜举，臂微屈，掌心向上，高与耳平；眼看左手（图 5-3-9、图 5-3-10）。

图 5-3-9

图 5-3-10

4. 卷肱前推：与 2 解同，只是左右相反（图 5-3-11、图 5-3-12、图 5-3-13）。

图 5-3-11

图 5-3-12

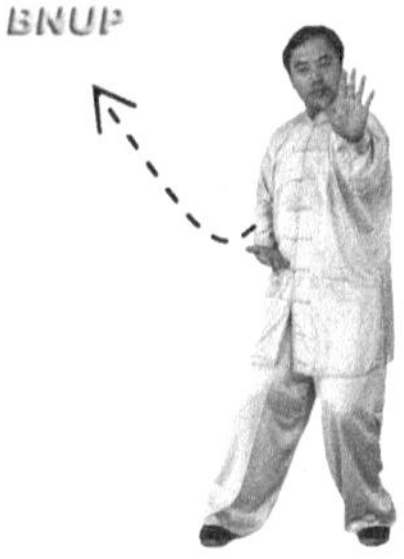

图 5-3-13

（二）搂膝拗步

1. 收脚举手：身体重心移至右腿，左脚收至右脚内侧，脚尖点地；同时右手向右上方划弧至右肩外侧，手与耳同高，掌心斜向上；左臂屈肘，左手向内划弧至右胸前，掌心斜向下；眼看右手（图 5-3-14、图 5-3-15）。

图 5-3-14

图 5-3-15

2. 弓步推掌：上体微左转，左脚向左前方迈出一步，重心前移成左弓步；同时左掌向下经左膝前搂过，按于胯旁，指尖向前，掌心向下；右手屈收经耳侧向前推出，掌心向前，手指向上，高于鼻平；眼向前看（图 5-3-16、图 5-3-17）。

图 5-3-16

图 5-3-17

3. 回身举手：右腿慢慢屈膝，上体后坐，身体重心移至右腿，左脚尖翘起，然后身体右转，左脚尖内扣，重心再移至左腿，右脚收至左脚内侧，脚尖点地；同时左手向外推掌，自下向上方划弧至左肩外侧，肘微屈，左手与耳同高，掌心斜向上；右手向内划弧停于左胸前，掌心向内；眼看左手（图 5-3-18、图 5-3-19、图 5-3-20）。

图 5-3-18

图 5-3-19

图 5-3-20

4. 弓步推掌：与 2 解相同，只是左右相反（图 5-3-21、图 5-3-22）。

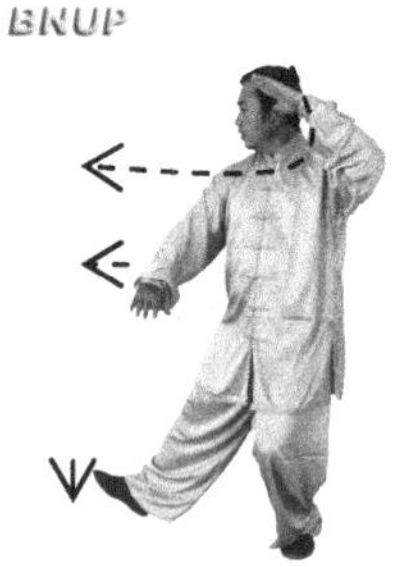

图 5-3-21

图 5-3-22

（三）野马分鬃

1. 收脚抱球：左腿慢慢屈膝，上体后坐，身体重心移至左腿，右脚尖翘起，然后身体左转，右脚尖翘起，然后身体左转，右脚尖内扣，身体重心再移至右腿，左脚随上体左转收至右脚内侧，脚尖点地；同时右手向上、向左划弧，屈臂平举于胸前；左手向左、向下划弧收于腹前，使两掌掌心上下相对成抱球状；眼看右手（图 5-3-23、图 5-3-24）。

图 5-3-23

图 5-3-24

2. 弓步分掌：上体左转，左脚向左前方迈出一步，重心前移成左弓步，同时两手随转体慢慢分别向上右下分开，左手高与眼平，掌心斜向上，肘微屈；右手下按于右胯旁，肘微屈，掌心向下，指尖向前；眼看左手（图 5-3-25、图 5-3-26）。

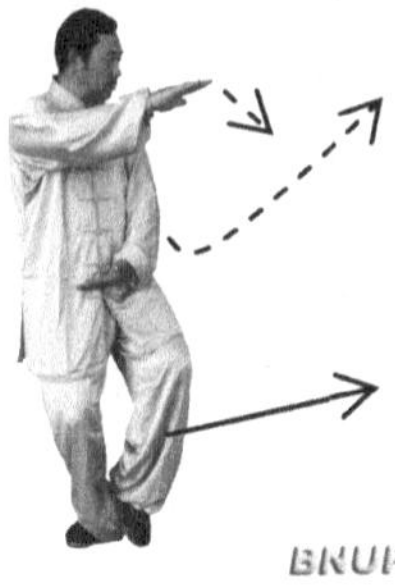

图 5-3-25

图 5-3-26

3. 回身抱球：上体慢慢后坐，身体重心移至右腿，左脚尖翘起，然后上体右转，左脚尖内扣，身体重心再移至左腿，右脚随上体右转收至左脚内侧，脚尖点地；同时右臂外旋，右手向内划弧收至腹前；左臂内旋，左手向右上划弧屈臂平举于胸前，使两掌掌心上下相对成抱球状；眼看左手（图 5-3-27、图 5-3-28）。

图 5-3-27

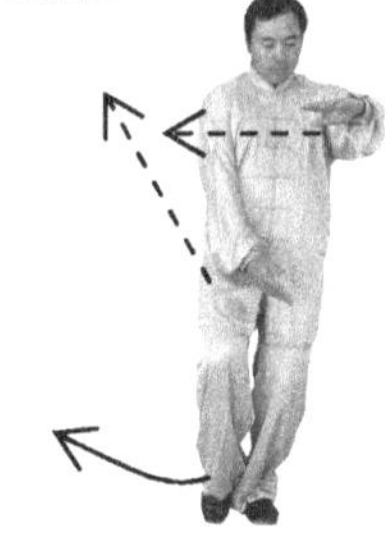

图 5-3-28

4. 弓步分掌：与 2 解相同，只是左右方向相反（图 5-3-29、图 5-3-30）。

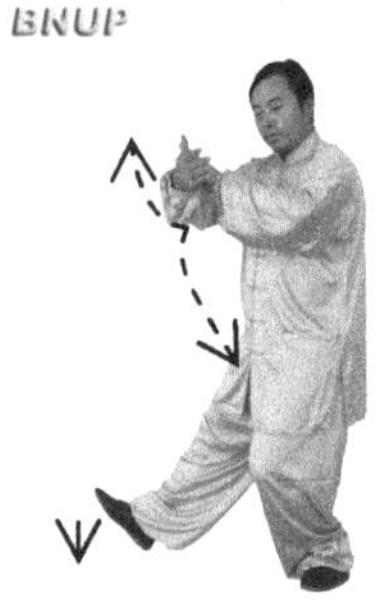

图 5-3-29

图 5-3-30

（四）云手

1. 并步左云：腰胯松沉，右手向内翻掌，掌心向下，左手向外翻掌，向前上伸于右臂内侧，掌心向上；然后上体左转，左脚尖外摆，右脚尖随之内扣，重心移至左腿，右脚收至左脚内侧，成小开立步；同时左手随身体左转向上、向左经脸前立圆云转，至身体左侧时，向外翻掌成平举；右手先下、向左经腹前立圆云转至左肩前，掌心斜向内；眼看左手（图 5-3-31、图 5-3-32）。

图 5-3-31

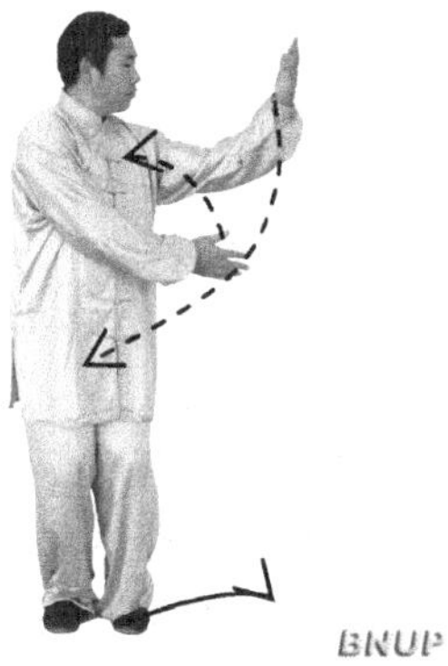

图 5-3-32

2. 开步右云：上体右转，重心移至右腿，左脚向左侧横跨一步，脚尖向前；同时随身体右转，右手经脸前向右立圆云转，至身体右侧时，向外翻掌成平举；左手经腹前向右立圆云转至右肩前，掌心斜向内；眼前右手（图 5-3-32）。

3. 弓步左云：上体左转，重心移至左腿，两脚尖均向前，成左弓步；同时左手经脸前向左立圆云转至身体左侧时，向外翻掌成平举；右手经腹前向左立圆云转至左肩前，掌心斜向内；眼看左手（图 5-3-33、图 5-3-34、图 5-3-35）。

图 5-3-33

图 5-3-34

图 5-3-35

4. 并步右云：上体右转，重心移至右腿，左脚收至右脚内侧，成小开立步；同时右手经脸前向右立圆云转至身体右侧时，向外翻掌成平举；左手向下、向右经腹前立圆云转至右肩前，掌心斜向内；眼看右手（图 5-3-36、图 5-3-37）。

5. 弓步左云：上体左转，重心移至左腿，右脚向右侧横跨一步，脚尖向前；同时随身体左转，左手经脸前向左立圆云转至身体左侧时，向外翻掌成平举；右手经腹前向左立圆云转至左肩前，掌心斜向内；眼看左手（图 5-3-38）。

6. 弓步右云：上体右转，重心移至右腿，两脚尖均向前，成右弓步；同时右手经脸前向右立圆云转至身体右侧时，向外翻掌成平举；左手经腹前向右立圆云转至右肩前，掌心斜向内；眼看右手（图 5-3-39）。

图 5-3-36

图 5-3-37

图 5-3-38

图 5-3-39

（五）金鸡独立

1. 转身下採：上体左转，身体重心移至左腿；同时左手向内翻掌，随身体左转向下、向左划弧至体侧，掌心向下，指尖向前；右手屈肘下落于右腿外侧，掌心向下，指尖向前；眼向前看（图 5-3-40）。

2. 左独立势：左脚独立，右腿屈膝提起，同时右掌由下向前上屈肘挑起，肘与膝相对，掌心向左，指尖向上，高与鼻齐；左手向左下划弧按至左胯旁，掌心向下，指尖向前；眼看右手（图 5-3-41）。

3. 右独立势：右脚下落，左腿屈膝提起，同时左掌由下向前上屈肘挑起，肘与膝相对，掌心向右，指尖向上，高与鼻齐；右手下按至左胯旁，掌心向下，指尖向前；眼看右手（图 5-3-42、图 5-3-43）。

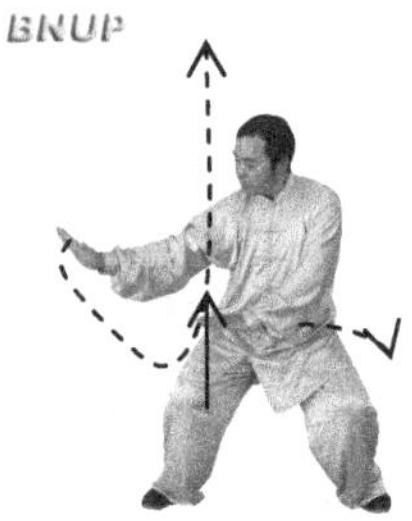
图 5-3-40

图 5-3-41

图 5-3-42

图 5-3-43

（六）蹬脚

1. 并步抱掌：左脚下落，上体微向左转，身体重心移至左腿，右脚收于左脚内侧，脚尖点地；同时左手向下、右手向上划弧经腹前交叉，上举合抱于胸前，右臂在外，两掌掌心均向内；眼看左前方（图 5-3-44、图 5-3-45）。

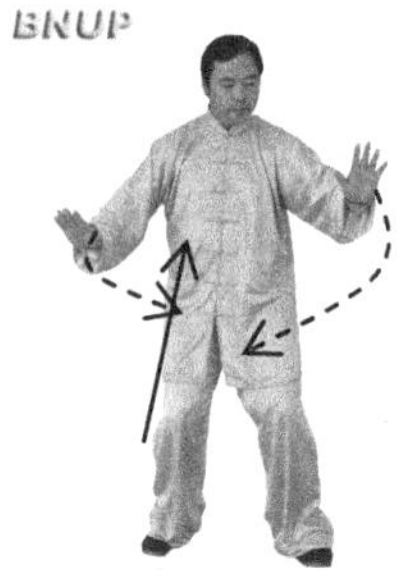
图 5-3-44

图 5-3-45

2. 撑掌蹬脚：左腿微屈站稳，右膝提起，右脚向右前上方慢慢蹬出，脚尖回勾，力点在脚跟；同时两掌分别向右前和左后方划弧撑开，两肘微屈，腕与肩平，右臂与右腿上下相合；眼看右掌（图 5-3-46）。

3. 并步抱掌：右脚下落，上体微向右转，身体重心移至右腿，左脚收于右脚内侧，脚尖点地；同时两臂下落，两手经腹前交叉，上举合抱于胸前，左臂在外，两掌心均向内；眼看向右前方（图 5-3-47）。

图 5-3-46

图 5-3-47

4. 撑掌蹬脚：与 2 解相同，只是左右相反（图 5-3-47、图 5-3-48、图 5-3-49）。

图 5-3-48

图 5-3-49

（七）揽雀尾

1. 收脚抱球：左脚下落，上体微右转，身体重心移至左腿，右脚收于左脚内侧，脚尖点地；同时左手向右划弧形平摆，屈肘举于胸前；右手向下、向内划弧收于左腹前，使两掌心上下相对成抱球状；眼看左手（图 5-3-50、图 5-3-51）。

图 5-3-50

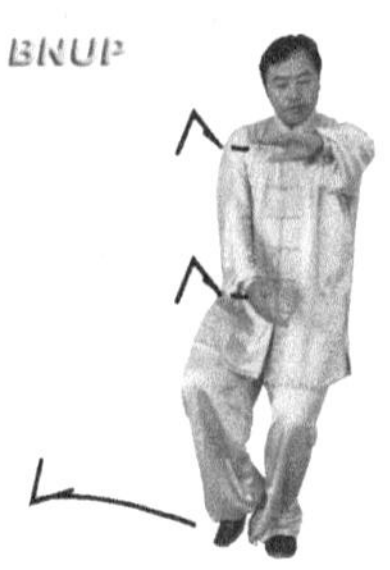

图 5-3-51

2. 弓步前绷：上体右转，右脚向右前方迈出一步，屈膝前弓成右弓步；同时右臂向右前方绷出，臂平屈成弓形，高与肩平，掌心向内；左手向左下按于左胯旁，掌心向心，指尖向前；眼看右前臂（图 5-3-52、图 5-3-53）。

图 5-3-52

图 5-3-53

3. 转身下捋：身体微向右转，右手随即前伸翻掌向下；左手翻掌向上，经腹前向上、向前伸直在右臂下方，然后上体左转，重心移至左腿；同时两手下捋，经腹前向左后上方划弧，直至左手掌心斜向上，高与耳平；右臂平屈于胸前，掌心向内；眼看左手（图 5-3-54、图 5-3-55、图 5-3-56）。

图 5-3-54

图 5-3-55

图 5-3-56

4. 弓步前挤：上体微向右转，左臂屈肘折回，左手附于右手腕内侧；上体继续右转，左腿自然蹬直，右腿屈膝前弓，成右弓步；同时双手向前慢慢挤出，右掌心向内，左掌心向前，右前臂呈半圆形；眼看右手腕部（图 5-3-57、图 5-3-58）。

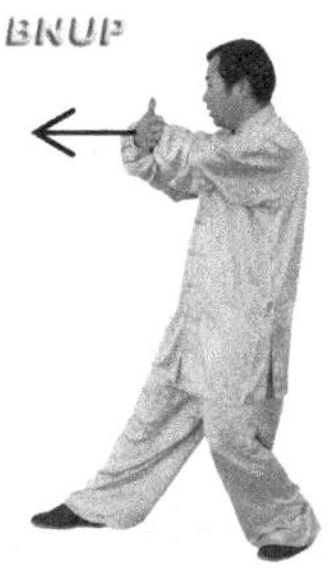

图 5-3-57

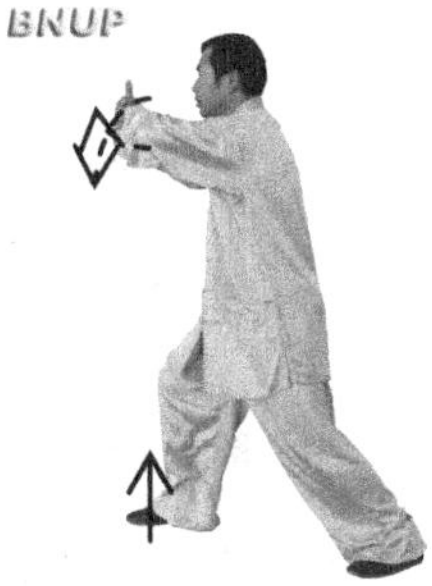

图 5-3-58

5. 坐腿回按：右手翻掌，掌心向下，左手经右腕上方向前、向左伸出，高与右手齐平，掌心向下，随之两手左右分开，宽于肩同；然后左腿屈膝，上体慢慢后坐，身体重心后移左腿，右脚尖翘起；同时两手屈肘回按至胸前，掌心均向前下方；眼向前平视（图 5-3-59、图 5-3-60）。

图 5-3-59

图 5-3-60

6. 弓步前按：上势不停，身体重心慢慢前移，右腿前弓成右弓步；同时两手向下、经腹前向前、向上按出，掌心向前，指尖向上；眼平视前方（图 5-3-61）。

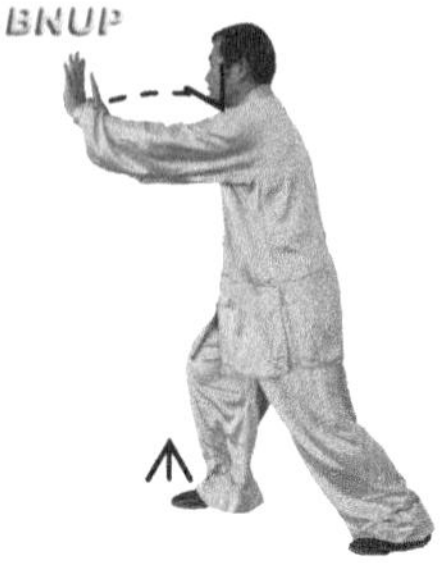

图 5-3-61

7. 回身抱球：左腿屈膝，上体慢慢后坐，身体重心移至左腿，右脚尖翘起；然后身体左转，右脚尖内扣，身体重心再移至右腿，左脚随上体左转收至右脚内侧，脚尖点地；同时右手向左屈臂平举于胸前；左手向左划弧至左侧，再向右上划弧至右肋前，使两掌掌心上下相对成抱球状（图 5-3-62、图 5-3-63、图 5-3-64）。

图 5-3-62

图 5-3-63

图 5-3-64

8. 弓步前掤：同 2 解，只是左右相反（图 5-3-65、图 5-3-66）。

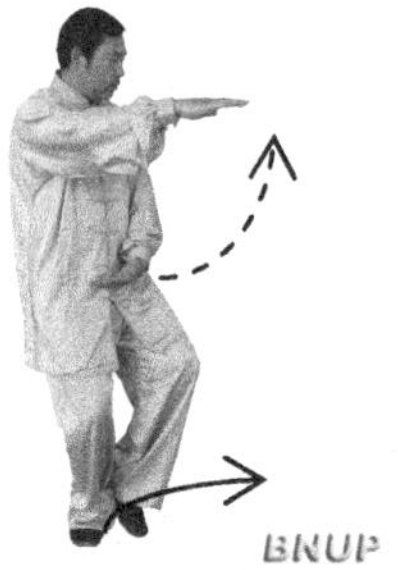

图 5-3-65

图 5-3-66

9. 坐身下捋：同 3 解，只是左右相反（图 5-3-67、图 5-3-68）。

图 5-3-67

图 5-3-68

10. 弓步前挤：同 4 解，只是左右相反（图 5-3-69、图 5-3-70、图 5-3-71）。

图 5-3-69

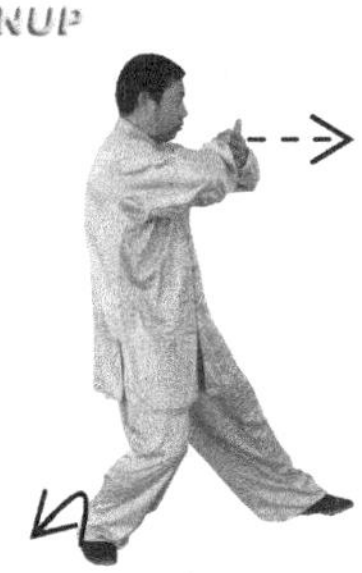

图 5-3-70

图 5-3-71

11. 坐腿回按：同 5 解，只是左右相反（图 5-3-72、图 5-3-73）。

图 5-3-72

图 5-3-73

12. 弓步前按：同 6 解，只是左右相反（图 5-3-74）。

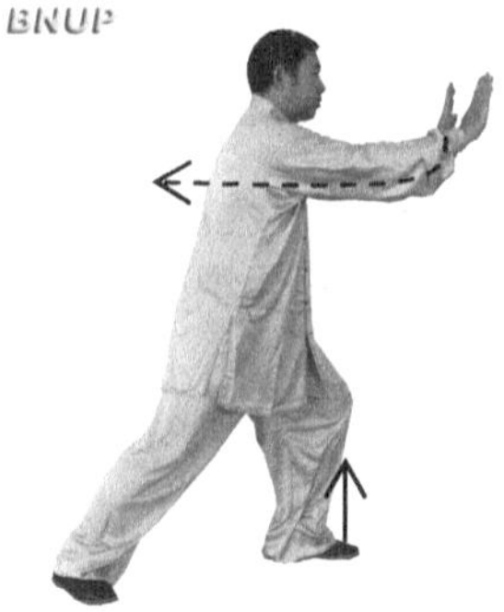

图 5-3-74

（八）十字手

1. 弓步分掌：右腿屈膝，上体后坐，身体重心移至右腿，左脚尖内扣，向右转体；右手随转体向右平摆划弧，与左手成两臂侧平举，掌心向前，肘部微屈；同时右脚尖向前，肘部微屈；同时右脚尖随着转体动作稍微向外摆，成右侧弓步；眼看右手（图 5-3-75、图 5-3-76）。

图 5-3-75

图 5-3-76

2. 十字抱掌：身体重心慢慢移至左腿，右脚尖里扣，随即向左收回，两脚距离与肩同宽，两腿逐渐蹬直，成开立步；同时两手向下经腹前向上划弧交叉合抱于胸前，两臂撑圆，腕高与肩平，右手在外，成十字手，两掌心均向内；眼看前方（图 5-3-77、图 5-3-78）。

图 5-3-77

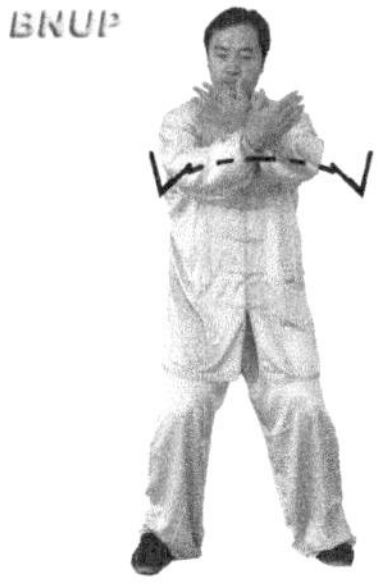

图 5-3-78

3. 并步收势：两手向内翻掌，掌心向下，左手在上，右手在下，然后两臂再慢慢分开下落，停于身体两侧；然后重心移至右腿，左脚向右脚并拢，成并立步；眼看前方（图 5-3-79、图 5-3-80、图 5-3-81）。

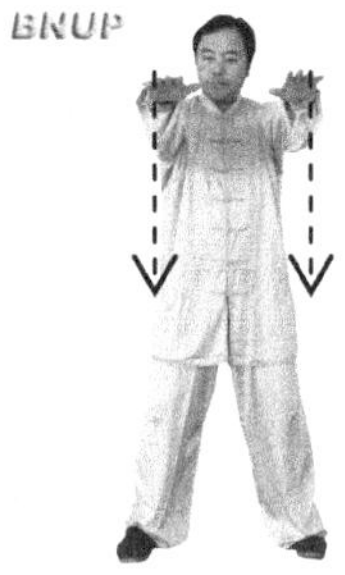

图 5-3-79

图 5-3-80

图 5-3-81

四、二十四式太极拳

（一）动作名称

第一段（1～5）

1. 起势　　2. 左右野马分鬃　　3. 白鹤亮翅

4. 左右搂膝拗步　　5. 手挥琵琶

第二段（6～8）

6. 左右倒卷肱

7. 左揽雀尾　　8. 右揽雀尾

第三段（9～14）

9. 单鞭　　10 云手

11. 单鞭　　12. 高探马

13. 右蹬脚　　14. 双峰贯耳

第四段（15～24）

15. 转身左蹬脚	16. 左下势独立
17. 右下势独立	18. 左右穿梭
19. 海底针	20. 闪通臂
21. 转身搬拦捶	22. 如封似闭
23. 十字手	24. 收势

（二）动作说明

第一段：

1. 起势

（1）身体自然直立，两脚开立，与肩同宽，脚尖向前；两臂自然下垂，两手放在大腿外侧；眼向前平视（图 5-4-1、图 5-4-2）。

（2）两臂慢慢向前平举，两手高与肩平，与肩同宽，掌心向下（图 5-4-3）。

（3）上体保持正直，两腿屈膝下蹲，同时两掌轻轻下按，两肘下垂与两膝相对；眼平看前方（图 5-4-4）。

图 5-4-1

图 5-4-2

图 5-4-3

图 5-4-4

2. 左右野马分鬃

（1）上体微向右转，身体重心移至右腿上；同时右臂收于胸前平屈，掌心向下，左手经体前向右下划弧放在右手下，掌心向上，两掌心相对成抱球状；左脚随即收到右脚内侧，脚尖点地；眼看右手（图 5-4-5）。

图 5-4-5

图 5-4-6

图 5-4-7

图 5-4-8

（2）上体微向左转，左脚向左前方迈出，左脚跟后蹬，右腿自然伸直，成左弓步；同时上体继续向左转，左右手随转体慢慢分别向左上右下分开，左手高与眼平（掌心斜向上），肘微屈；右手落在右胯旁，肘微屈，掌心向下，指尖向前；眼看左手（图 5-4-6、图 5-4-7、图 5-4-8）。

（3）上体慢慢后坐，身体重心移至右腿，左脚尖翘起，微向外撇（45°～60°），随后脚掌慢慢踏实，左腿慢慢前弓，身体左转，身体重心再移至左腿；同时左手翻转向下，左臂收在胸前平屈，右手向左上划弧放在左手下，两掌心相对成抱球状；右脚随即收到左脚内侧，脚尖点地，眼看左手（图 5-4-9、图 5-4-10）。

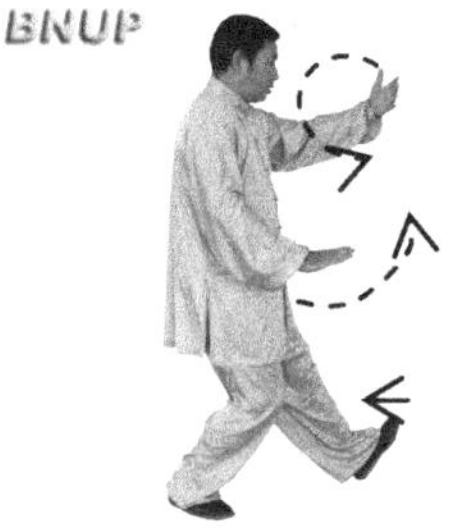

图 5-4-9

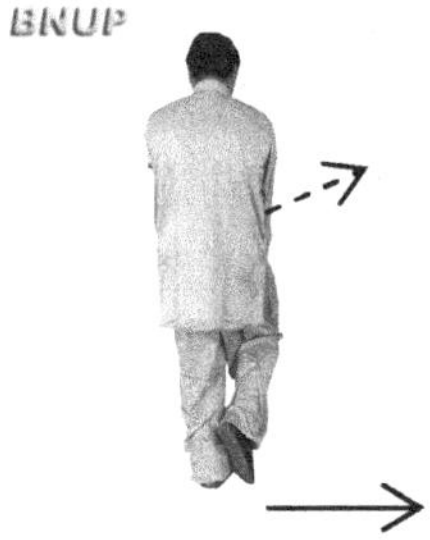

图 5-4-10

图 5-4-10　侧面附图

（4）右腿向右前方迈出，左腿自然伸直，成右弓步；同时上体右转，左右手随转体分别慢慢向左下右上分开，右手高与眼平（掌心斜向上），肘微屈；左手落在左胯旁，肘也微屈，掌心向下，指尖向前；眼看右手（图 5-4-11、图 5-4-12）。

图 5-4-11

图 5-4-12

（5）与（3）解同，只是左右相反（图 5-4-13、图 5-4-14）。

（6）与（4）解同，只是左右相反（图 5-4-15、图 5-4-16）。

图 5-4-13

图 5-4-14

图 5-4-15

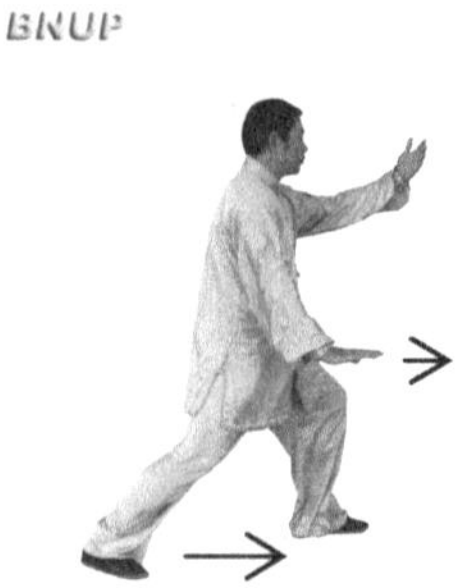

图 5-4-16

3. 白鹤亮翅

（1）右脚跟进半步，上体后坐，身体重心移至右腿，同时上体微向左转，左手翻掌向下，左臂平屈胸前，右手向左上划弧，掌心转向上，与左手成抱球状；眼看左手（图 5-4-17、图 5-4-18）。

（2）上体先向右转，面向右前方，眼看右手；然后左脚稍向前移，脚尖点地，成左虚步，同时上体再微向左转，面向前方，两手随转体慢慢向右上左下分开，右手上提停于右额前，掌心向左后方，左手落于左胯前，掌心向下，指尖向前；眼平看前方（图 5-4-19、图 5-4-20）。

图 5-4-17

图 5-4-18

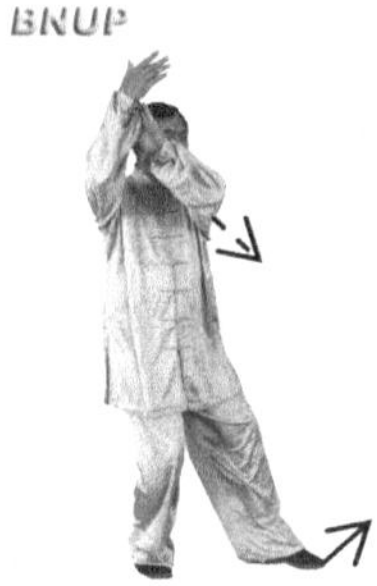

图 5-4-19

图 5-4-20

4. 左右搂膝拗步

（1）右手从体前下落，由下向后上方划弧至右肩外侧，肘微屈，手与耳同高，掌心斜向上；左手由左下向上、向右下方划弧至右胸前，掌心斜向下；同时上体先微向左再向右转；左脚收至右脚内侧，脚尖点地，眼看右手（图 5-4-21、图 5-4-22、图 5-4-23）。

图 5-4-21

图 5-4-22

图 5-4-23

（2）上体左转，左脚向前（偏左）迈出成左弓步；同时右手屈收由耳侧向前推出，高与鼻尖平，左手向下由左膝前搂过落于左胯旁，指尖向前；眼看右手手指（图 5-4-24、图 5-4-25）。

图 5-4-24

图 5-4-25

（3）右腿慢慢屈膝，上体后坐，身体重心移至右腿，左脚尖翘起微向外撇，随后脚掌慢慢踏实，左腿前弓，身体左转，身体重心移至左腿，右脚收到左脚内侧，脚尖点地；同时左手向外翻掌由左后向上划弧至左肩外侧，肘微屈，手与耳同高，掌心斜向上；右手随转体向上、向左下划弧落于左胸前，掌心斜向下；眼看左手（图 5-4-26、图 5-4-27）。

图 5-4-26

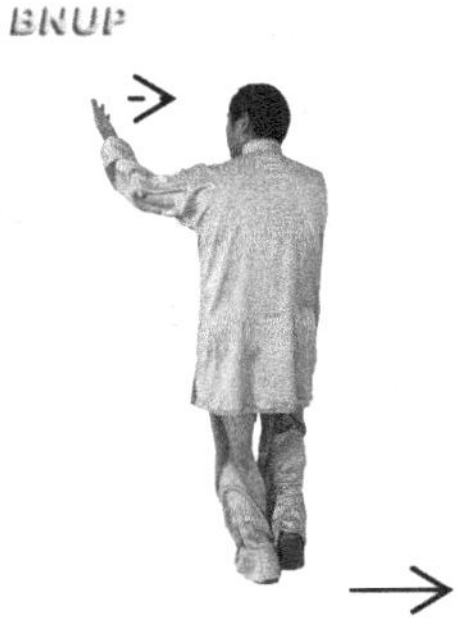

图 5-4-27

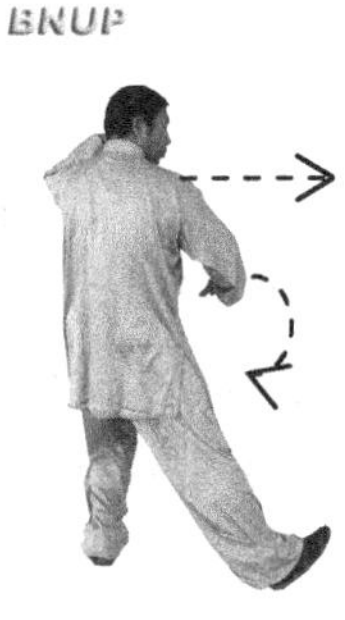

图 5-4-28

图 5-4-29

（4）与（2）解同，只是左右相反（图 5-4-28、图 5-4-29）。

（5）与（3）解同，只是左右相反（图 5-4-30、图 5-4-31）。

（6）与（2）解同（图 5-4-32、图 5-4-33）。

图 5-4-30

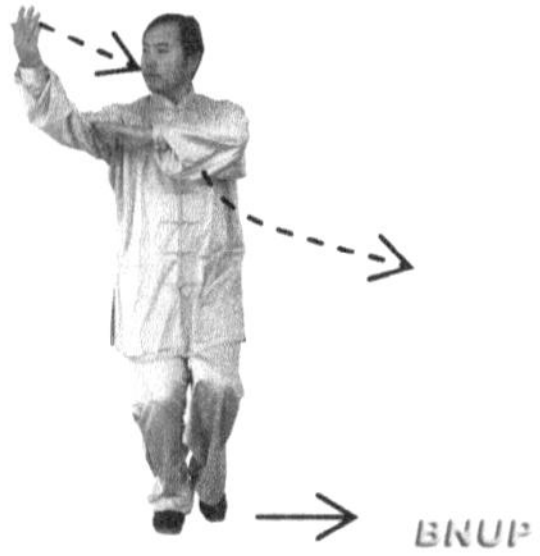

图 5-4-31

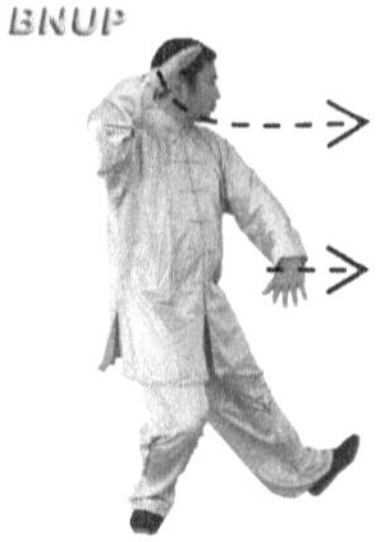

图 5-4-32

图 5-4-33

5. 手挥琵琶

右脚跟进半步，上体后坐，身体重心转至右腿上，上体半面向左转，左脚略提起稍向前移，变成左虚步，脚跟着地，脚尖翘起，膝部微屈，同时左手由左下向上挑举，高与鼻尖平，掌心向右，臂微屈；右手收回放在左臂肘部里侧，掌心向左；眼看左手食指（图 5-4-34、图 5-4-35、图 5-4-36）。

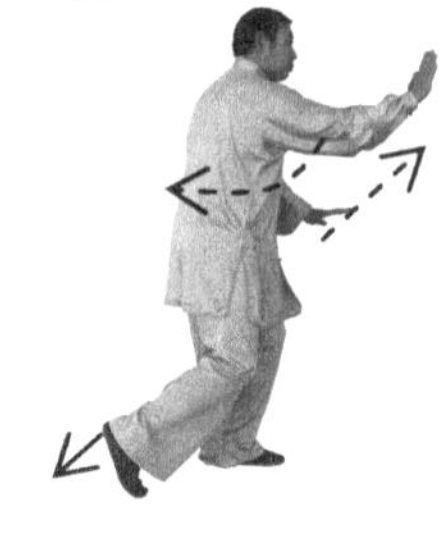

图 5-4-34

图 5-4-35

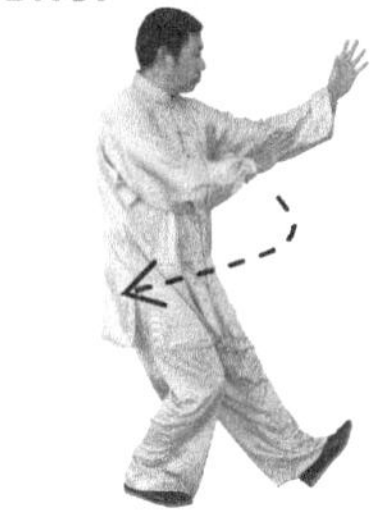

图 5-4-36

第二段

6. 左右倒卷肱

（1）上体右转右手翻掌（掌心向上）经腹前由下向后上方划弧平举，微屈，左手随即翻掌向上；眼的视线随着向右转体先向右看、再转向前看左手（图 5-4-37、图 5-4-38）。

图 5-4-37

图 5-4-38

图 5-4-39

图 5-4-40

（2）右臂屈肘折向前，右手由耳侧向前推出，掌心向前，左臂屈肘后撤，掌心向上，撤至左肋外侧；同时左腿轻轻提起向后（偏左）退一步，脚掌先着地，然后全脚慢慢踏实，身体重心移到左腿上，成右虚步，右脚随转体以脚掌为轴扭正；眼看右手（图 5-4-39、图 5-4-40）。

（3）上体微向左转，同时左手随转体向后上方划弧平举，掌心向上，右手随即翻掌，掌心向上；眼随转体先向左看，继而再转向前方看右手（图 5-4-41）。

图 5-4-41

图 5-4-42

图 5-4-43

（4）与（2）解同，只是左右相反（图 5-4-42、图 5-4-43）。

（5）与（3）解同，只是左右相反（图 5-4-44）。

图 5-4-44

图 5-4-45

图 5-4-46

（6）与（2）解同（图 5-4-45、图 5-4-46）。

（7）与（3）解同（图 5-4-47）。

（8）与（2）解同，只是左右相反（图 5-4-48、图 5-4-49）。

图 5-4-47

图 5-4-48

图 5-4-49

7. 左揽雀尾

（1）上体右转，同时右手随转体向后上方划弧平举，掌心向上，左手放松，掌心向下，左手自然下落逐渐翻掌经腹前划弧至右肋前，掌心向上，眼看左手；右臂屈肘，掌心转向下，收至右胸前，两手相对成抱球状；同时身体重心落在右腿上，左脚收到右脚内侧，脚尖点地；眼看右手（图 5-4-50）。

（2）上体微向左转，左脚向左前方迈出，上体继续向左转，右腿自然蹬直，左腿屈膝，成左弓步；同时左臂向左前方掤出（即左臂平屈成弓形，用前臂外侧和手背向前方推出），高与肩平，掌心向后；右手向右下落放于右胯旁，掌心向下，指尖向前；眼看左前臂（图 5-4-51、图 5-4-52）。

图 5-4-50

图 5-4-51

图 5-4-52

(3) 身体微向左转，左手随即前伸翻掌向下，右手翻掌向上，经腹前向上、向前伸至左前臂下方；然后两手下捋，即上体向右转，两手经腹前向右后上方划弧，直至右手掌心向上，高与肩平，左臂平屈于胸前，掌心向后；同时身体重心移至右腿；眼看右手（图 5-4-53、图 5-4-54、图 5-4-55、图 5-4-56）。

图 5-4-54

图 5-4-55

图 5-4-56

(4) 上体微向左转，右臂屈肘折回，右手附于左手腕里侧（相距约 5 厘米），上体继续向左转，双手同时向前慢慢挤出，左掌心向后，右掌心向前，左前臂要保持半圆；同时身体重心逐渐前移变成左弓步；眼看左手腕部（图 5-4-57、图 5-4-58）。

图 5-4-57

图 5-4-58

(5) 右手翻掌，掌心向下，右手经左腕上方向前、向右伸出，高与左手齐，掌心向下，两手左右分开，宽与肩同；然后右腿屈膝，上体慢慢后坐，身体重心移至后腿上，左脚尖翘起；同时两手屈肘回收至腹前，掌心均向前下方；眼向前平看（图 5-4-59、图 5-4-60、图 5-4-61）。

图 5-4-59

图 5-4-60

图 5-4-61

（6）上式不停，身体重心慢慢前移，同时两手向前，向上按出，掌心向前；左腿前弓成左弓步；眼平看前方（图 5-4-62、图 5-4-63）。

图 5-4-62

图 5-4-63

8. 右揽雀尾

（1）上体后坐并向右转，身体重心移至右腿，左脚尖里扣；右手向右平行划弧至右侧，然后由右下经腹前向左上划弧至左肋前，掌心向上；左臂平屈胸前，左手掌向下与右手成抱球状；同时身体重心再移至左腿上，右脚收至左脚内侧，脚尖点地；眼看左手（图 5-4-64、图 5-4-65、图 5-4-66）。

图 5-4-64

图 5-4-65

图 5-4-66

（2）同“左揽雀尾”（3）解，只是左右相反（图 5-4-67、图 5-4-68）。

图 5-4-67

图 5-4-68

（3）同“左揽雀尾”（4）解，只是左右相反（图 5-4-69、图 5-4-70、图 5-4-71、图 5-4-72）。

图 5-4-69

图 5-4-70

图 5-4-71

图 5-4-72

（4）同“左揽雀尾”（5）解，只是左右相反（图 5-4-73、图 5-4-74）。

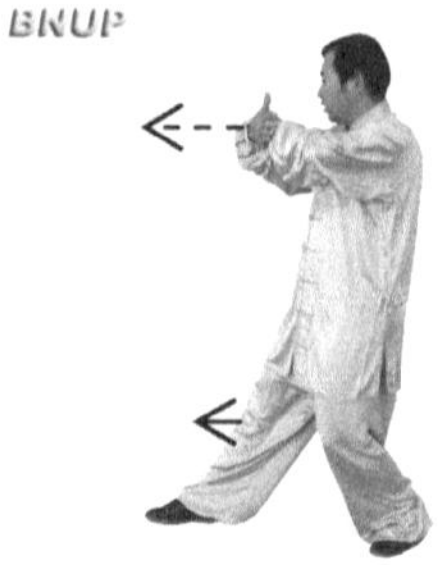

图 5-4-73

图 5-4-74

（5）同“左揽雀尾”（6）解，只是左右相反（图 5-4-75、图 5-4-76、图 5-4-77）。

（6）同“左揽雀尾”（6）解，只是左右相反。

图 5-4-75

图 5-4-76

图 5-4-77

第三段：

9. 单鞭

（1）上体后坐，身体重心逐渐移至左腿上，右脚尖里扣；同时上体左转，两手（左高右低）向左弧形运转，直至左臂平举，伸于身体左侧，掌心向左，右手经腹前运至左胸前，掌心朝上；眼看左手（图 5-4-78、图 5-4-79）。

图 5-4-78

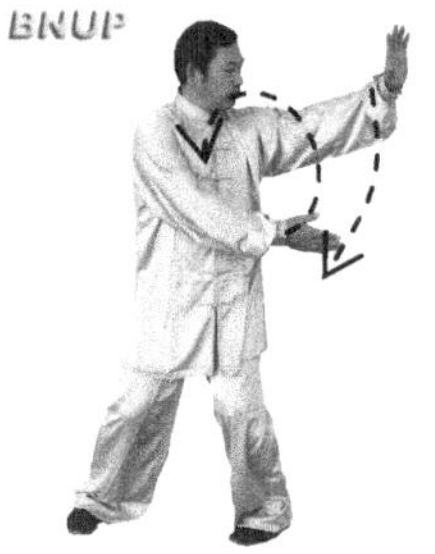

图 5-4-79

（2）身体重心再渐渐移至右腿上，上体右转，左脚向右脚靠拢，脚尖点地；同时右手向右上方划弧（掌心由里转向外），至右侧方时变勾手，臂与肩平；左手向下经腹前向右上划弧停于右肩前，掌心向里；眼看左手（图 5-4-80、图 5-4-81、图 5-4-82）。

图 5-4-80

图 5-4-81

图 5-4-82

（3）上体微向左转，左脚向左前侧方迈出，右脚跟后蹬，成左弓步，在身体重心移向左腿的同时，左掌随上体的继续左转慢慢翻转向前推出，掌心向前，手指与眼齐平，臂微屈；眼看左手（图 5-4-83、图 5-4-84）。

图 5-4-83

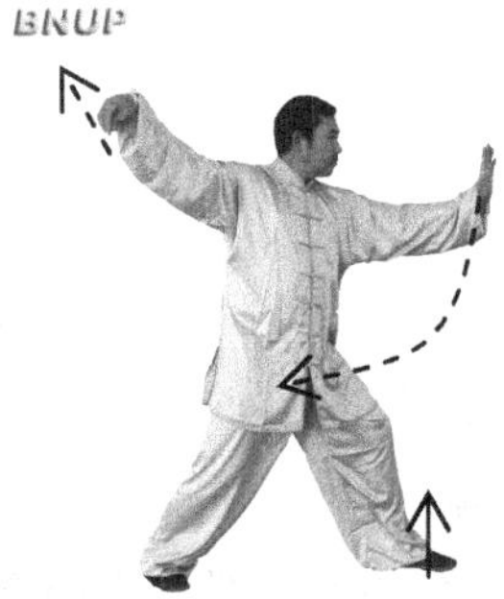

图 5-4-84

10. 云手

（1）身体重心移至右腿上，身体渐向右转，左脚尖里扣；左手经腹前向右上划弧至右肩前，掌心斜向后，同时右手变掌，掌心向右前；眼看左手（图 5-4-85、图 5-4-86）。

图 5-4-85

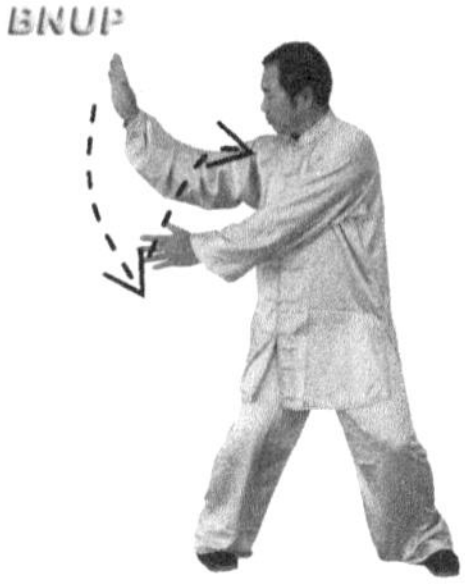

图 5-4-86

（2）上体慢慢左转，身体重心随之逐渐左移；左手由脸前向左侧运转，掌心渐渐向左方；右手由右下经腹前向左上划弧，至左肩前，掌心斜向后；同时右脚靠近左脚，成小开立步（两脚距离 10～20 厘米）；眼看右手（图 5-4-87、图 5-4-88）。

图 5-4-87

图 5-4-88

（3）上体再向右转，同时左手经腹前向右上划弧至右肩前，掌心斜向后；右手向右侧运转，掌心翻转向右；随之左侧向左横跨一步；眼看左手（图 5-4-89、图 5-4-90）。

图 5-4-89

图 5-4-90

（4）同（2）解（图 5-4-91、图 5-4-92）。

图 5-4-91

图 5-4-92

（5）同（3）解（图 5-4-93、图 5-4-94）。

图 5-4-93

图 5-4-94

（6）同（2）解（图 5-4-95、图 5-4-96）。

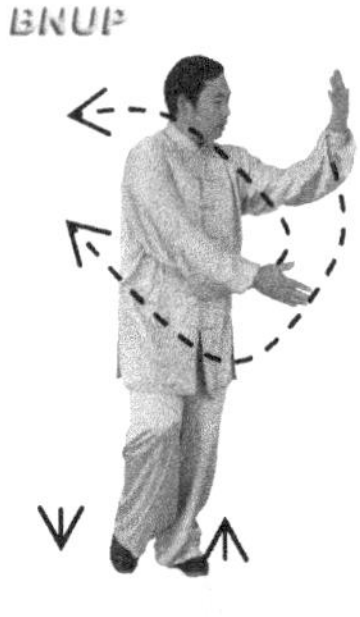

图 5-4-95

图 5-4-96

11. 单鞭

（1）上体向右转，右手随之向右划弧，至右侧方时变成勾手；左手经腹前向右上划弧至右肩前，掌心向内；身体重心落于右腿上，左脚尖点地；眼看左手（图 5-4-97）。

（2）上体微向左转，左脚向左前侧方迈出，右脚跟后蹬，成左弓步；在身体重心移向左腿的同时，上体继续左转，左掌慢慢翻转向前推出，成“单鞭”式（图 5-4-98、图 5-4-99）。

图 5-4-97

图 5-4-98

图 5-4-99

12. 高探马

（1）右脚跟进半步，身体重心逐渐后移至右腿上；右勾手变成掌，两掌心翻转向上，两肘微屈；同时身体微向右转，左脚跟渐渐离地；眼看左前方（图 5-4-100）。

（2）上体微向左转，面向前方；右掌经右耳旁向前推出，掌心向前，手指与眼同高；左手收至左侧腰前，掌心向上；同时左脚微向前移，脚尖点地，成左虚步；眼看右手（图 5-4-101、图 5-4-102）。

图 5-4-100

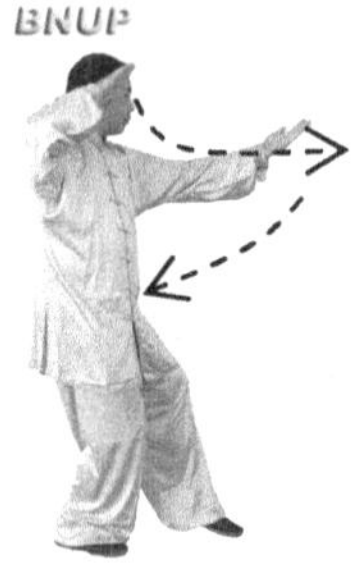

图 5-4-101

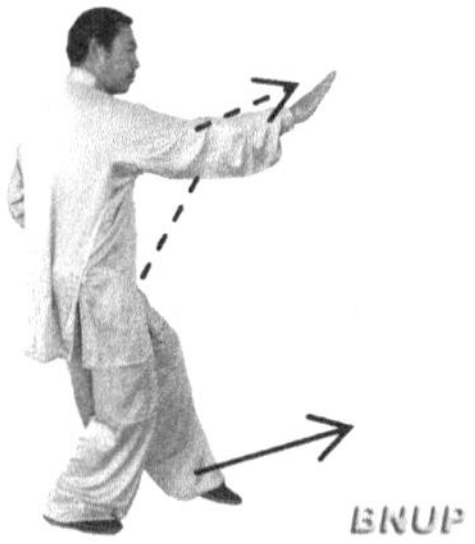

图 5-4-102

13. 右蹬腿

（1）左手掌心向上，前伸至右手腕背面，两手相互交叉，随即向两侧分开并向下划弧，掌心斜向下；同时左脚提起向左前侧方进步（脚尖略外撇）；身体重心前移，右腿自然蹬直，成左弓步；眼看前方（图 5-4-103、图 5-4-104）。

图 5-4-103

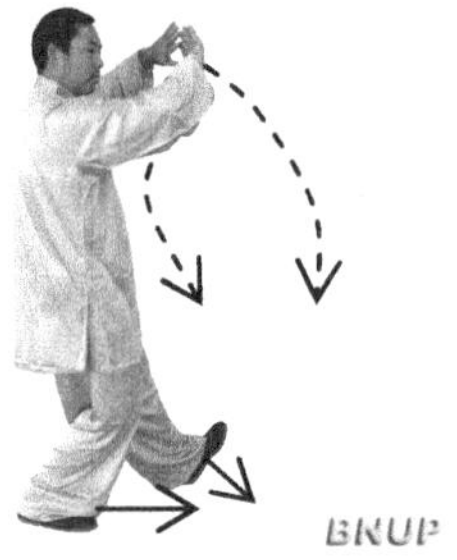

图 5-4-104

（2）两手由外圈向里圈划弧，两手交叉合抱于胸前，右手在外，掌心均向后；同时右脚向左脚靠拢，脚尖点地；眼平看右前方（图 5-4-105）。

（3）两臂左右划弧分开平举，肘部微屈，掌心均向外；同时右腿屈膝提起，右脚向右前方慢慢蹬出；眼看右手（图 5-4-106、图 5-4-107）。

图 5-4-105

图 5-4-106

图 5-4-107

14. 双峰贯耳

（1）右腿收回，屈膝平举，左手由后向上、向前下落至体前，两掌心均翻转向上，两手同时向下划弧分落于右膝盖两侧；眼看前方（图 5-4-108）。

（2）右脚向右前方落下，身体重心渐渐前移，成右弓步，面向右前方，同时两手下落，慢慢变拳，分别从两侧向上、向前划弧至面部前方，成钳形状，两拳相对，高与耳齐，拳眼都斜向内下（两拳中间距离 10～20 厘米）；眼看右拳（图 5-4-109、图 5-4-110）。

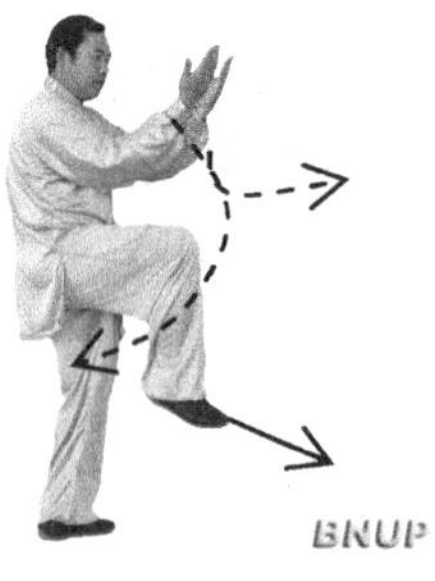

图 5-4-108

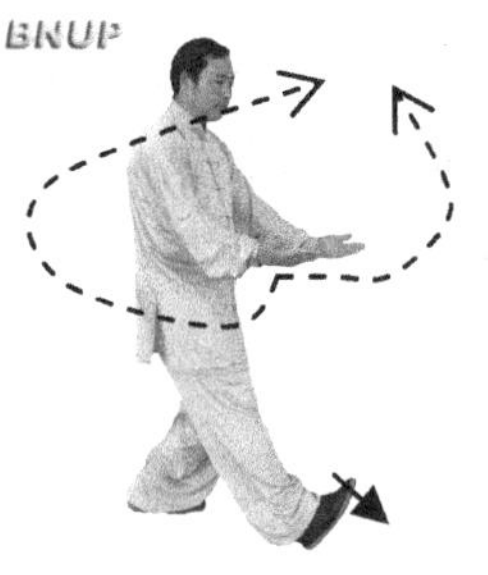

图 5-4-109

图 5-4-110

第四段：

15. 转身左蹬腿

（1）左腿屈膝后坐，身体重心移至左腿，上体左转，右脚尖里扣；同时两拳变掌，由上向左右划弧分开平举，掌心向前；眼看左手（图 5-4-111、图 5-4-112）。

（2）身体重心再移至右腿，左脚收到右脚内侧，脚尖点地；同时两手由外圈向里圈划弧合抱于胸前，左手在外，掌心均向后；眼平看左方（图 5-4-113）。

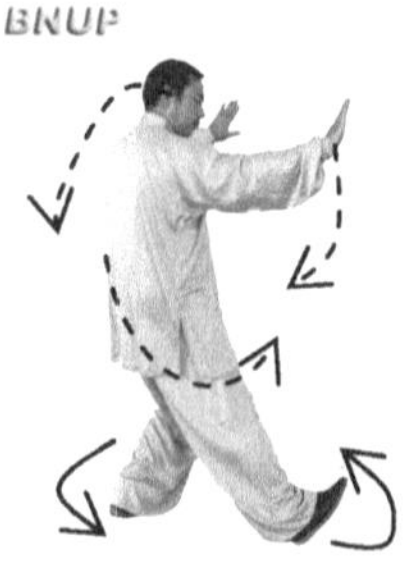

图 5-4-111

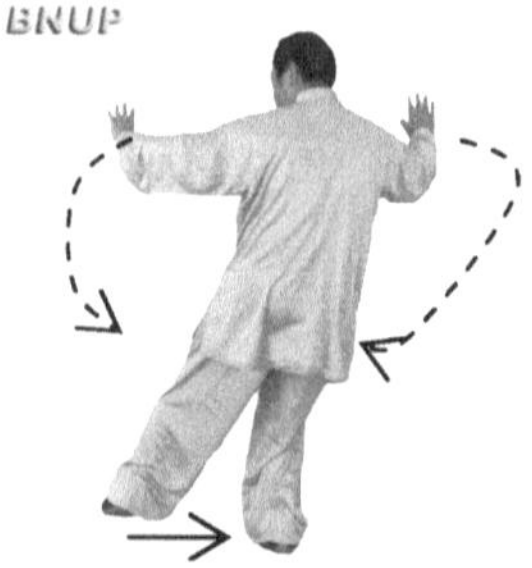

图 5-4-112

图 5-4-113

（3）两臂左右划弧分开平举，肘部微屈，掌心均向外；同时左腿屈膝提起，左脚向左前方慢慢蹬出；眼看左手（图 5-4-114、图 5-4-115）。

图 5-4-114

图 5-4-115

第六组：

16. 左下势独立

（1）左腿收回平屈，上体右转；右掌变成勾手，左掌向上，向右划弧下落，立于右肩前，掌心斜向后；眼看右手（图 5-4-116）。

（2）右腿慢慢屈膝下蹲，左腿由内向左侧（偏后）伸出，成左仆步；左手下落（掌心向外）向左下顺左腿内侧向前穿出；眼看左手顺左腿内侧向前穿出；眼看左手（图 5-4-117、图 5-4-118）。

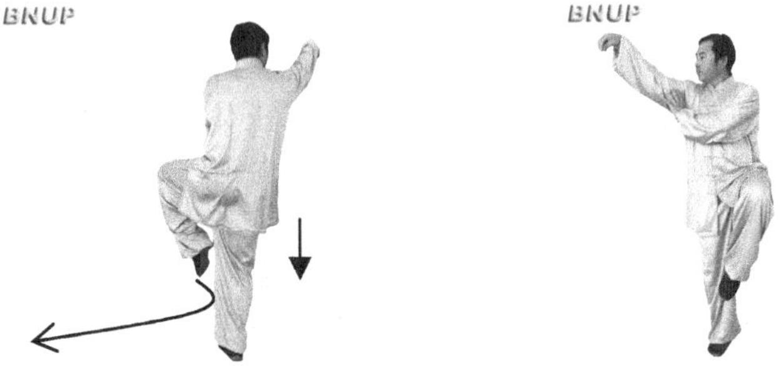

背面　　正面

图 5-4-116

图 5-4-117

图 5-4-118

（3）身体重心前移，左脚跟为轴，脚尖尽量向外撇，左腿前弓，右腿后蹬，右脚尖里扣，上体微向左转并向前起身；同时左臂继续向前伸出（立掌），掌心向右，右勾手下落，勾尖朝上；眼看左手（图 5-4-119）。

（4）右腿慢慢提起平屈，成左独立式；同时右勾手变掌，并由后下方顺右腿外侧向前弧形摆出，屈臂立于右腿上方，肘与膝相对，掌心向左；左手落于左胯旁，掌心向下，指尖向前；眼看右手（图 5-4-120）。

图 5-4-119

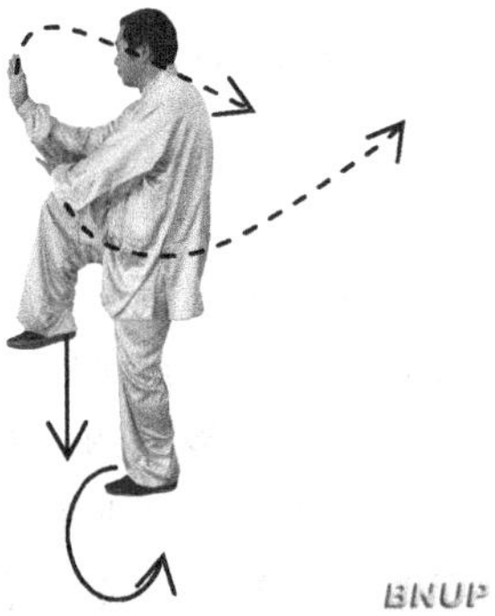

图 5-4-120

17. 右下势独立

（1）右脚下落于左脚前，脚掌着地，然后左脚前掌为轴脚跟转动，身体随之左转；同时左手向后平举变成勾手，右掌随着转体向左侧划弧，立于左肩前，掌心斜向后；眼看左手（图 5-4-121、图 5-4-122）。

图 5-4-121

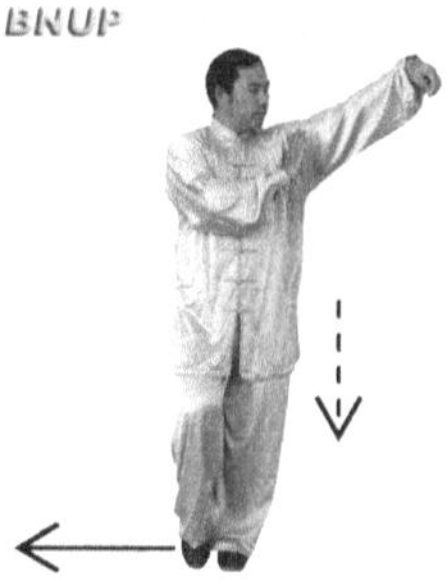

图 5-4-122

图 5-4-123

图 5-4-124

（2）同“左下势独立”（2）解只是左右相反（图 5-4-123、图 5-4-124）。

（3）同“左下势独立”（3）解，只是左右相反（图 5-4-125）。

（4）同“左下势独立”（4）解，只是左右相反（图 5-4-126）。

图 5-4-125

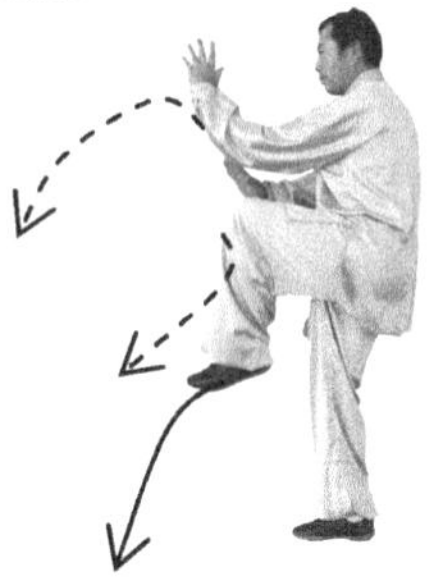

图 5-4-126

第七组：

18. 左右穿梭

（1）身体微向左转，左脚向前落地，脚尖外撇，右脚跟离地，两腿屈膝成半坐盘式；同时两手在左胸前成抱球状（左上右下）；然后右脚收到左脚的内侧，脚尖点地；眼看左前臂（图 5-4-127、图 5-4-128）。

（2）身体右转，右脚向右前方迈出，屈膝弓腿，成右弓步；同时右手由脸前向上举并翻掌停在右额前，掌心斜向上；左手先向左下再经体前向前推出，高与鼻尖平，掌心向前；眼看左手（图 5-4-129、图 5-4-130）。

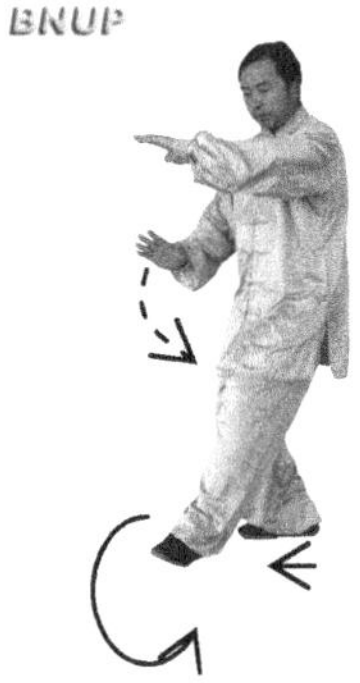
图 5-4-127

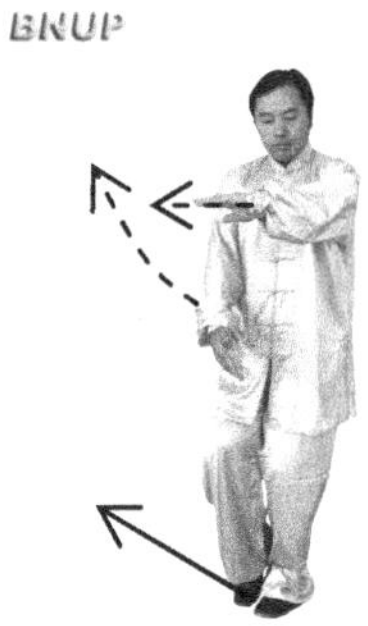
图 5-4-128

图 5-4-129

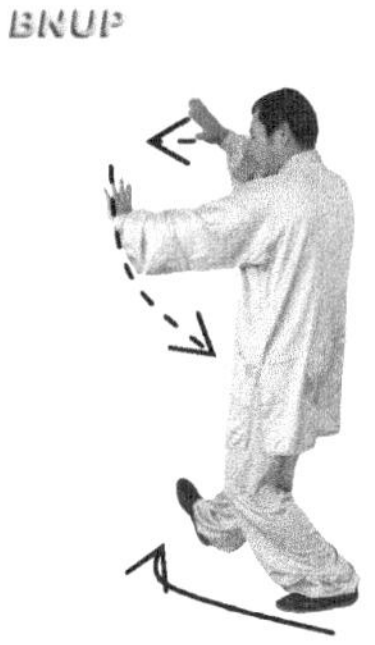
图 5-4-130

（3）身体重心略向后移，右脚尖稍向外撇，随即身体重心再移至右腿，左脚跟进，停于右脚内侧，脚尖点地；同时两手在右胸前成抱球状（右上左下）；眼看右前臂（图 5-4-131）。

（4）同（2）解，只是左右相反（图 5-4-132、图 5-4-133）。

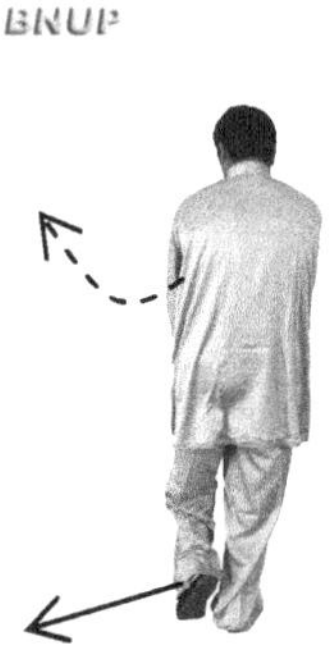
图 5-4-131

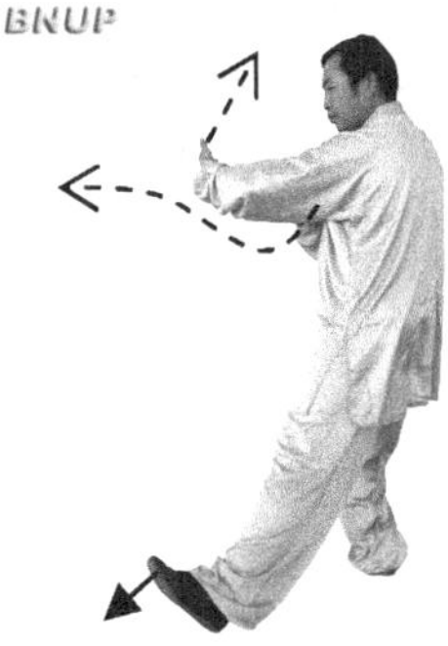
图 5-4-132

图 5-4-133

19. 海底针

右脚向前跟进半步，身体重心移至右腿，左脚稍向前移，脚尖点地，成左虚步；同时身体稍向右转，右手下落经体前向后，向上提抽至肩上耳旁，再随身体左转，由右耳旁斜向前下方插出，掌心向左，指尖斜向下；与此同时，左手向前、向下划弧落于左胯旁，掌心向下，指尖向前；眼看前下方（图 5-4-134、图 5-4-135、图 5-4-136、图 5-4-137）。

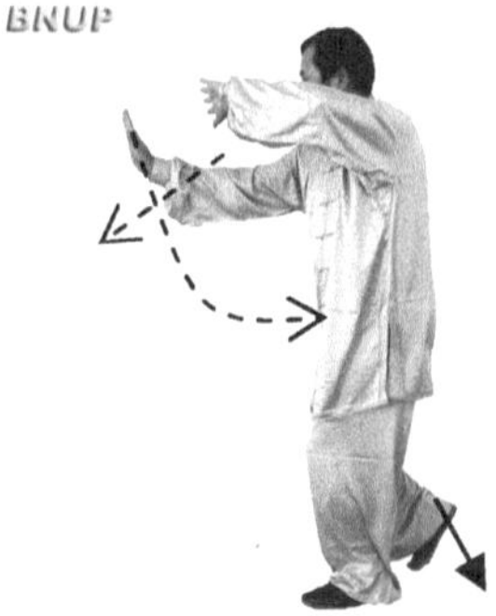

图 5-4-134

图 5-4-135

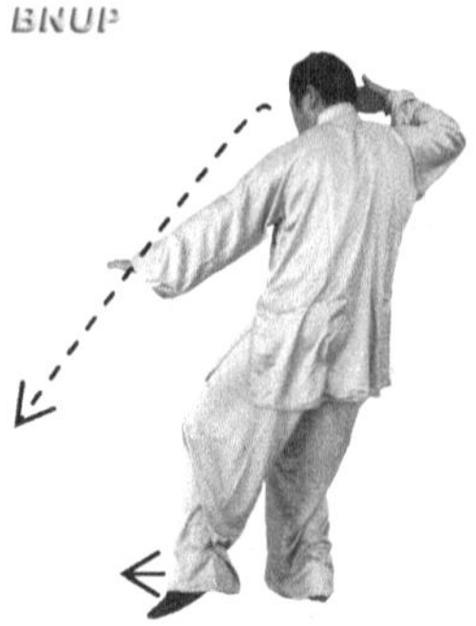

图 5-4-136

图 5-4-137

20. 闪通臂

上体稍向右转，左脚向前迈出，屈膝弓腿成左弓步；同时右手由体前上提，屈臂上举，停于右额前上方，掌心翻转斜向上，拇指朝下；左手上起经胸前向前推出，高与鼻尖平，掌心向前；眼看左手（图 5-4-138、图 5-4-139）。

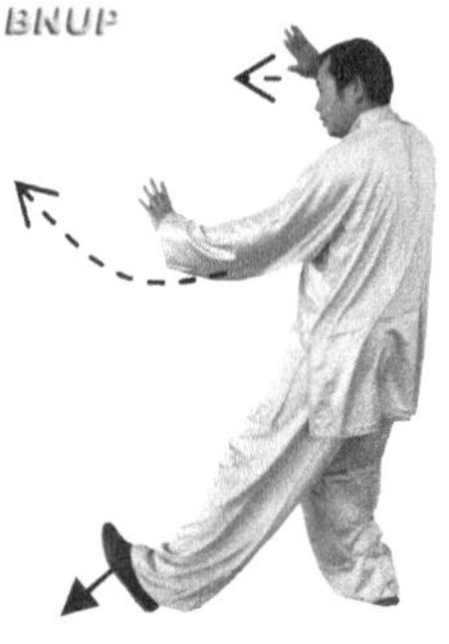

图 5-4-138

图 5-4-139

第八组：

21. 转身搬拦捶

(1) 上体后坐，身体重心移至右腿上，左脚尖里扣，身体向右后转，然后身体重心再移至左腿上；与此同时，右手随着转体向右、向下（变拳）经腹前划弧至左肋旁，拳心向下；左掌上举于头前，掌心斜向上；眼看前方（图 5-4-140、图 5-4-141）。

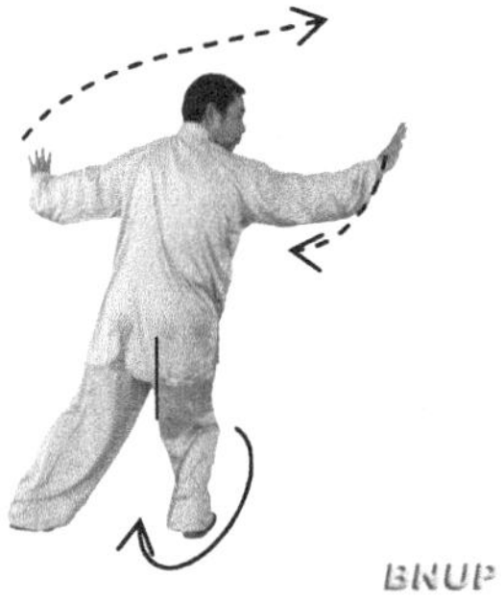

图 5-4-140

图 5-4-141

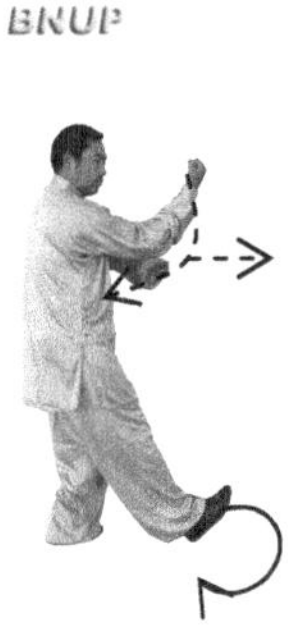

图 5-4-142

(2) 向右转体，右拳经胸前向前翻转搬出，拳心向上；左手落于左胯旁，掌心向下，指尖向前；同时右脚收回后（不要停顿或脚尖点地）即向前迈出，脚尖外撇；眼看右拳（图 5-4-142）。

(3) 身体重心移至右腿上，左脚向前迈一步；左手上起经左侧向前上划弧拦出，掌心向前下方；同时右拳向右划弧收到右腰旁，拳心向上；眼看左手（图 5-4-143、图 5-4-144）。

(4) 左腿前弓成左弓步，同时右拳向前打出，拳眼向上，高与胸平，左手附于右前臂里侧；眼看右拳（图 5-4-145）。

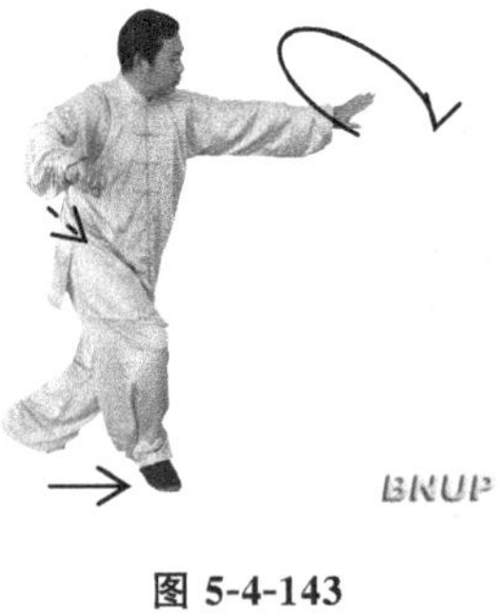

图 5-4-143

图 5-4-164

图 5-4-145

22. 如封似闭

(1) 左手由右腕下向前伸出，右拳变掌，两手掌心逐渐翻转向上并慢慢分开回收；同时身体后坐，左脚尖翘起，身体重心移至右腿；眼看前方（图 5-4-146、图 5-4-147）。

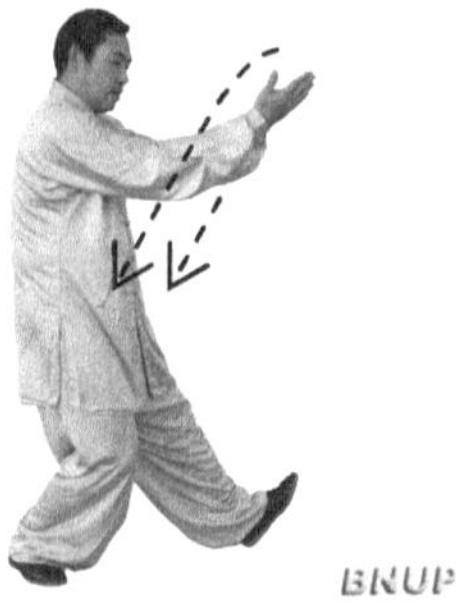

图 5-4-146

图 5-4-147

（2）两手在胸前翻掌，向下经腹前再向上、向前推出，腕部与肩平，掌心向前；同时左腿前弓成左弓步；眼看前方（图 5-4-148、图 5-4-149）。

图 5-4-148

图 5-4-149

23. 十字手

（1）屈膝后坐，身体重心移至右腿，左脚尖里扣，向右转体；右手随着转体动作向右平摆划弧，与左手成两臂侧平举，掌心向前，肘部微屈；同时右脚尖随着转体稍向外撇，成右侧弓步；眼看右手（图 5-4-150、图 5-4-151）。

（2）身体重心慢慢移至左腿，右脚尖里扣，随即向左收回，两脚距离与肩同宽，两腿逐渐蹬直，成开立步；同时两手向下经腹前向上划弧交叉合抱于胸前，两臂撑圆，腕高与肩平，右手在外，成十字手，掌心均向后；眼看前方（图 5-4-152）。

图 5-4-150

图 5-4-151

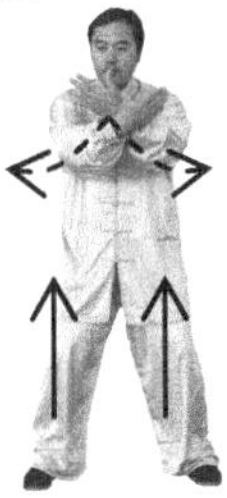

图 5-4-152

24. 收势

两手向外翻掌，掌心向下，两臂慢慢下落，停于身体两侧；眼看前方（图 5-4-153、图 5-4-154、图 5-4-155）。

图 5-4-153

图 5-4-154

图 5-4-155

第二节　器械套路

一、初级刀术

这套刀术是《中国武术段位制》初级段位规定的短器械套路之一。

（一）动作名称

预备势：

第一段：

1. 起势
2. 弓步藏刀
3. 虚步藏刀
4. 弓步扎刀
5. 弓步抡劈
6. 提膝格刀
7. 弓步推刀
8. 马步劈刀
9. 仆步按刀

第二段：

10. 蹬腿藏刀　　15. 叉步反撩
11. 弓步平斩　　16. 弓步藏刀
12. 弓步带刀　　17. 虚步抱刀
13. 歇步下砍　　18. 收势
14. 弓步扎刀

（二）动作说明

预备势：

两脚并立，左手虎口朝下，拇指在前，其余四指在后握住刀柄，手腕部贴靠刀盘，刀刃朝前，刀尖朝上，刀背贴靠前臂内侧；右手五指并拢，垂于身体右侧；目视前方（图 5-5-1）。

第一段：

1. 起势

左手握刀与右手同时从两侧向额上方绕环，至额前上方时，右手拇指张开贴近刀盘，接左手之刀（图 5-5-2、图 5-5-3）。

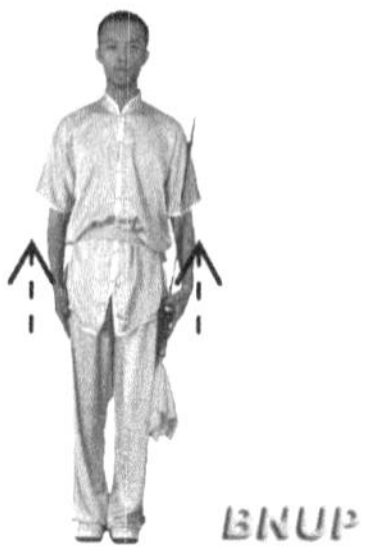

图 5-5-1

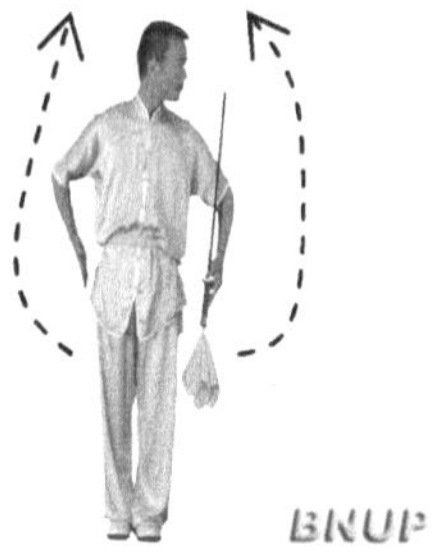

图 5-5-2

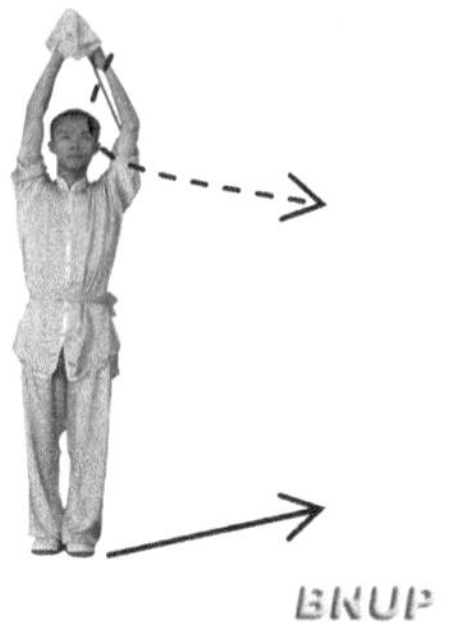

图 5-5-3

2. 弓步藏刀

（1）右腿屈膝略蹲，左脚向左上步。右手持刀使刀背贴身从左绕向身后，左臂内旋（拇指一侧朝下）向左伸出。目向左平视（图 5-5-4）。

（2）上身左转，成左弓步。右手持刀，掌心朝上，上身左转的同时，从身后向左平扫至左肋时臂内旋，掌心朝下，刀背贴靠于左肋，刀身平放，刀尖朝后；左臂随之屈肘上举至头顶上方成横掌；目向前平视（图 5-5-5）。

图 5-5-4

图 5-5-5

3. 虚步藏刀

（1）上身右转，右手持刀，随上身右转向右平扫，刀背朝前；左掌随之向右肩处平落，掌心向下；顺扫刀之势右臂外旋，掌心朝上，使刀背向身后平摆，同时左脚回收于右脚侧。目视前进方向（图 5-5-6）。

（2）右手持刀从左肩外侧向下、向后拉回，肘略屈，刀刃朝下，刀尖朝前；左脚向前成左虚步，同时左手随即向前成侧立掌平直推出；目视左掌（图 5-5-7）。

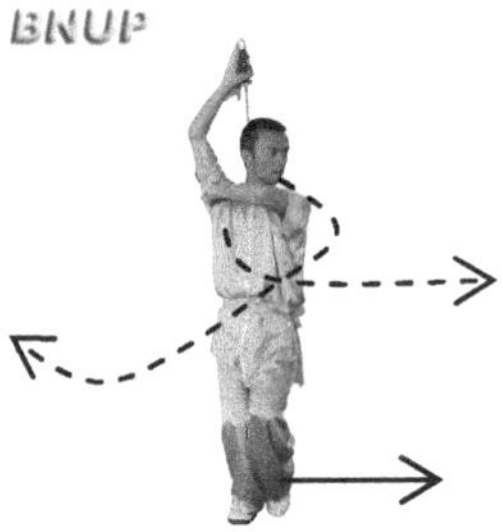

图 5-5-6

图 5-5-7

4. 弓步扎刀

左脚稍前移踏实，右脚随即向前上步，成右弓步。左掌在上步的同时，向后直臂弧形绕环至身后平举成勾手，勾尖朝下；右手持刀随之向前扎刀，刀刃朝下，刀尖朝前；目视刀尖（图 5-5-8）。

5. 弓步抡劈

（1）左脚向右脚靠拢，右手持刀臂内旋、屈腕，使刀尖由左斜前方向上挂起，刀刃朝上；左勾手变掌附于右肘处；目视刀身（图 5-5-9）。

（2）左脚向左斜前方上步成左弓步，右手持刀从上向右斜前方下劈，刀尖稍向上翘；左臂同时屈肘上举，至头顶上方成横掌；目视刀尖（图 5-5-10）。

图 5-5-8

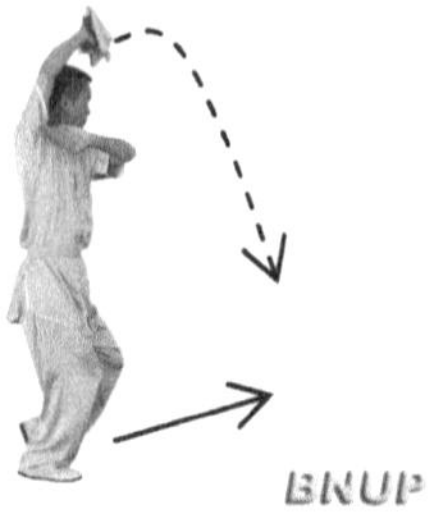

图 5-5-9

图 5-5-10

6. 提膝格刀

左脚尖外展，右腿提膝；刀由前下向左上横格，刀垂直立于胸前，刀尖朝上，刀刃向左；左手横附于刀背上；目视刀身（图 5-5-11）。

7. 弓步推刀

（1）右脚向前落步。右手持刀向后、向下贴身弧形绕环；左掌此时从上向下按于刀背上面；目视刀尖（图 5-5-12）。

（2）上体微右转，左脚从体前上步，成左弓步。右手持刀随之向前撩推，刀刃斜朝上，刀尖斜朝下；左掌仍按刀背，掌指朝上。上身前探，目视刀尖（图 5-5-13）。

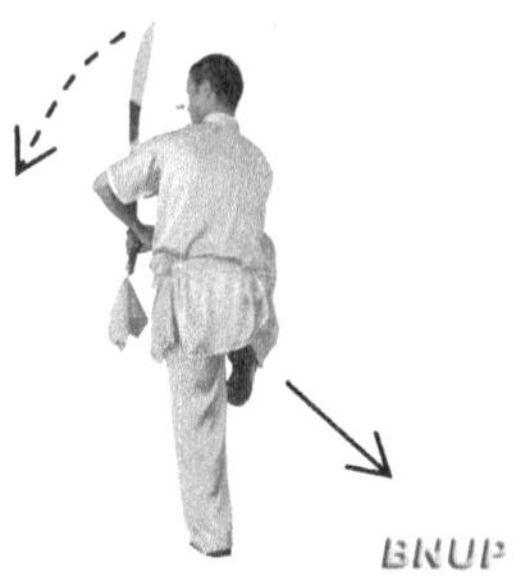

图 5-5-11

图 5-5-12

图 5-5-13

8. 马步劈刀

上体右转，两腿屈膝半蹲成马步；右手持刀从左向上、向右劈下，刀尖稍向上翘与眉相齐；左掌在头顶上方屈肘成横掌；目视刀尖（图 5-5-14）。

9. 仆步按刀

右脚向右后方撤一大步成左仆步，上身右转，右手持刀同时做外腕花（以腕为轴，刀在右臂外侧向前下贴身立圆绕环）；左掌同时向下按切，附于右手腕，刀尖朝左，刀刃朝下；目向左平视（图 5-5-15）。

图 5-5-14

图 5-5-15

第二段：

10. 蹬腿藏刀

（1）右腿蹬直立起，左腿提膝成独立；右手持刀向右后拉回，左掌向左前方伸出，掌指朝上；目视左手（图 5-5-16）。

（2）上身左转，右手持刀从后向前由左膝下方朝左裹膝抄起，从左肩外侧向后沿肩背绕行作缠头刀，左脚即向左斜前方落步成左弓步，左掌随之屈肘上举至头顶上方成横掌；目视前方）（图 5-5-17）。

（3）右脚脚尖上翘，用脚跟向前上方蹬腿；目视脚尖（图 5-5-18）。

图 5-5-16

图 5-5-17

图 5-5-18

11. 弓步平斩

（1）右脚向前落步，上身在上步之同时向右后转，右手持刀掌心朝下，随着转身平扫一周；左掌从上向左后方平摆，掌心朝上（图 5-5-19）。

（2）左脚向前上步，右脚趁势提起，上身右转，右手持刀臂外旋，刀尖朝下，使刀从右肩外侧向后绕行，做裹脑动作；左掌同时从上向下平落，两臂胸前相叠（图 5-5-20）。

（3）右腿后撤一步，右转成右弓步。右手持刀接上势向身后平斩，同时左掌于身后伸直，掌心向下；目视前方（图 5-5-21）。

图 5-5-19

图 5-5-20

图 5-5-21

12. 仆步带刀

(1) 右手持刀臂外旋，使刀刃朝上，刀尖稍向下斜垂（图 5-5-22）。

(2) 重心左移，左腿全蹲，右腿挺膝伸直平铺成仆步；右手持刀向左上方屈肘带回；左臂屈肘，左掌附于刀把内侧，拇指一侧朝下；目向右侧平视（图 5-5-23）。

图 5-5-22

图 5-5-23

13. 歇步下砍

(1) 上身稍抬起。右手持刀，从右肩外侧向背后绕行作裹脑刀；左脚从身后向右侧插步，同时左掌向下放于右肋处（图 5-5-24）。

(2) 两腿屈膝全蹲成歇步。右手持刀在歇步下坐之同时向右下方斜砍，刀刃斜朝下，刀尖朝前；左掌随之向左摆出，在左侧上方成横掌；目视刀身（图 5-5-25）。

图 5-5-24

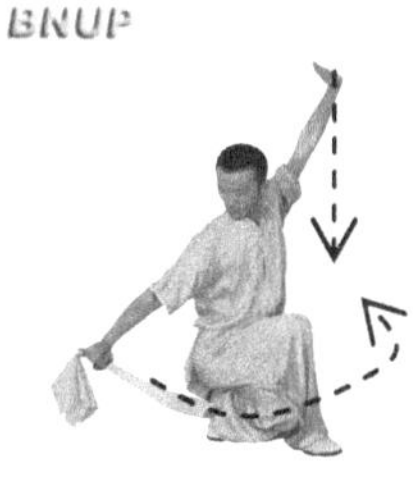

图 5-5-25

14. 弓步扎刀

上体左转，双脚碾地，左脚向前上半步，成左弓步。同时右手持刀，随势向前平伸直扎，刀刃朝下，刀尖朝前；左掌顺势附于右腕里侧；目视刀尖（图 5-5-26、图 5-5-27）。

图 5-5-26

图 5-5-27

15. 叉步反撩

（1）上体稍直起并右转，右脚不动，左脚向右前方活步。同时右臂内旋，刀背朝下，使刀从前面向上、向后直臂弧形绕行，刀刃朝下；左掌在屈肘时，收于右肩前侧（图 5-5-28）。

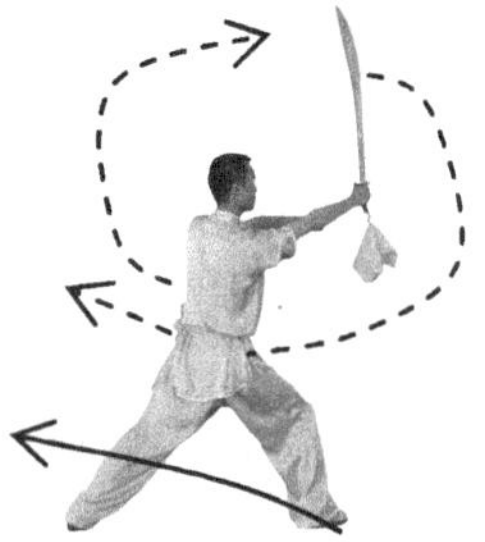

图 5-5-28

图 5-5-29

图 5-5-30

（2）右脚向左脚前方上步，成右弓步。同时右手持刀向下、向前直臂弧形撩起，刀刃朝上，刀尖朝前；左掌从右肩前向上直臂弧形绕行，至头部上方，掌心朝上，掌指朝后；目视刀尖（图 5-5-29）。

（3）右脚内扣，上体左转，刀随转体收于腹前，刀尖上翘，左掌下落附于右腕处；目视刀尖（图 5-5-30）。

（4）左脚向右脚后横迈一步成左插步，同时右手持刀向后反撩，刀刃朝上；左掌向左上方插出，掌心朝前；目视刀尖（图 5-5-31）。

16. 弓步藏刀

（1）左脚向左前方上一步。同时右手持刀臂内旋，刀尖朝下，使刀从左肩外侧向后绕行，做缠头动作（图 5-5-32）。

(2) 身体重心左移，成左弓步；右手持刀从背后经右向左平扫，至左肋时顺扫刀之势臂内旋，使刀背贴靠于左肋，刀尖朝后；同时左掌屈肘上举至头顶上方成横掌；目向前平视（图 5-5-33）。

图 5-5-31

图 5-5-32

图 5-5-33

17. 虚步抱刀

(1) 上身右转，左腿伸直，右腿屈膝；同时右手持刀向右平扫，继而屈肘上举使刀尖下垂，刀背贴身，左掌随之向右平摆，掌心朝上；目视左掌（图 5-5-34）。

(2) 右腿屈膝，成右弓步；右手持刀从背后经左肩外侧向身体前方平伸拉带；左掌拇指张开，用掌心托住刀盘，准备将右手之刀接回；目视两手（图 5-5-35）。

(4) 右脚跟外转，上体左转，左脚从左移于身前，成左虚步；同时左手接刀，经身前向下、向身体左侧抱刀下沉，刀刃朝向身前，刀背贴靠左臂，刀尖朝上；右手从身前向下、向后、向上直臂弧形绕至头上方时屈腕成横掌，掌心朝前，肘稍屈；目向左平视（图 5-5-36）。

图 5-5-34

图 5-5-35

图 5-5-36

图 5-5-37

18. 收势

右脚向前、向左脚靠拢，并步直立；右掌随即从右耳侧向下按落，掌心朝下，肘略屈并向外撑开，左手握刀不动；目向左平视（图 5-5-37）。

二、初级剑术

（一）套路简介

本剑术套路是为适应全民健身进行武术锻炼的需要而整理编写的。它是《中国武术段位制》初级段位规定的短器械套路之一，是武术爱好者晋级三段的考核项目。

全套剑术分为两段，共 18 势（预备势除外）。其中以劈、崩、斩、刺、撩、抹、挑、挂等主要剑法和另一手剑指，配合弓、仆、虚、歇等基本步型和身法以及平衡、跳跃等动作构成套路。练习时要求手、眼、身、步与器械高度的协调配合，做到手腕灵活、剑法清晰、“身剑合一”。呈现出刚柔相济，吞吐自如、矫键优美、轻快飘洒的运动特点。

（二）动作名称

第一段：

1. 起步
2. 弓步刺剑
3. 叉步斩剑
4. 弓步劈剑
5. 歇步崩剑
6. 弓步削剑
7. 左右挂剑
8. 叉步压剑
9. 提膝点剑

第二段：

10. 并步刺剑
11. 弓步挑剑
12. 歇步劈剑
13. 上步截碗
14. 跳步撩剑
15. 仆步压剑
16. 提膝刺剑
17. 弓步抹剑
18. 收势

（三）动作说明

预备势

两脚并步站立；左手持剑于身体左侧，肘关节微屈，右手成剑指垂于体右侧；目视前方（图 5-6-1）；要求两肩松沉，收腹，挺胸。

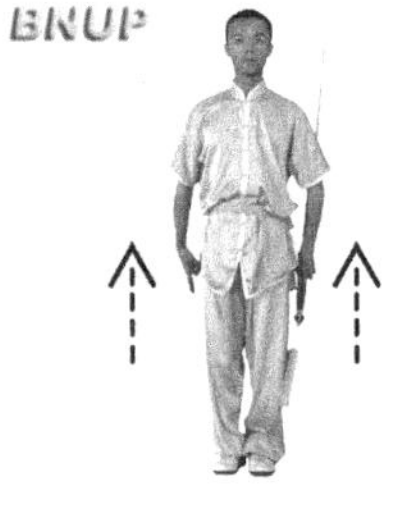

图 5-6-1

第一段：

1. 起势

（1）两臂屈肘上提，右腕稍内扣；同时向左转头，目视左前方（图 5-6-2）。

（2）身体左转约 90 度；左脚向前上步成左弓步；同时左手持剑随转体向上绕环至体前，与肩同高，掌心斜向下；右手向后抬起，与肩同高，掌心向下；目视前方（图 5-6-3）。

（3）重心前移，右脚向左脚靠拢成并步；同时左手持剑下落于体左侧，右剑指向上经耳侧向前伸出，掌心斜向前；目视前方（图 5-6-4、图 5-6-5）。

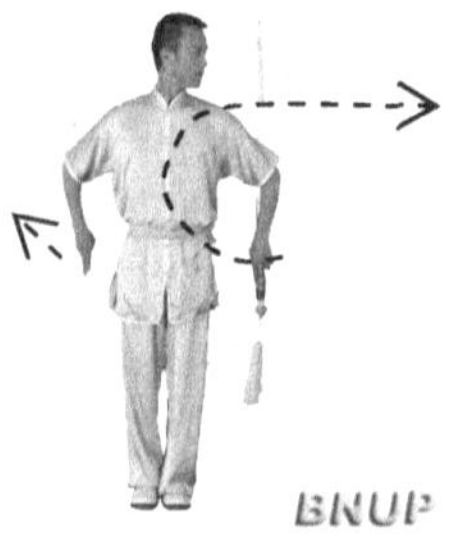

图 5-6-2

图 5-6-3

图 5-6-4

图 5-6-5

（4）右脚向后撤步，左腿稍屈；同时左手持剑向前穿出，掌心斜向下，右剑指由下向后摆，与肩同高，掌心向右；目视前方（图 5-6-6、图 5-6-7、图 5-6-8）

（5）重心后移，右腿屈膝半蹲，左脚稍后撤成虚步；左手持剑屈肘回收位于胸前，掌心向右；右剑指屈肘回收位于胸前，掌心向左，准备接握左手之剑；目视前方（图 5-6-9）。

图 5-6-6

图 5-6-7

图 5-6-8

图 5-6-9

2. 弓步刺剑

重心前移，左脚向前进步成左弓步；同时右手接握剑下落于右侧腰部后向体前直臂刺出，与肩同高，虎口向上；左剑指随势向体后直臂伸出，略高于肩，掌心向左；目视剑尖（图 5-6-10）。

3. 叉步斩剑

右脚向前上步成交叉步；同时上体右转，右手握剑向后平斩，与肩同高，掌心向下；左剑指向下、向前、向上绕至头部左上方；目视剑尖（图 5-6-11）。

图 5-6-10

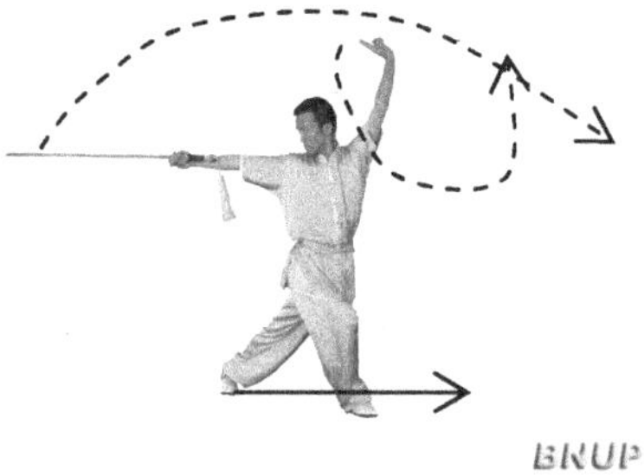

图 5-6-11

4. 弓步劈剑

上体稍后转，左脚向前上步成左弓步；同时在右手握剑向上、向前下劈，与肩同高，左剑指向下经右向左绕至头部上方；目视剑尖（图 5-6-12）。

图 5-6-12

5. 歇步崩剑

（1）身体右转约 90°，两腿膝关节弯曲；右手握剑扣腕下落地腹前，左剑指下落附于右手手腕处；目视剑尖（图 5-6-13）。

（2）身体稍右转，同时右脚向体左侧插步，两腿全蹲成歇步；同时右手握剑向下、向前撩至与腰同高时，随即臂外旋，使虎口侧剑刃向上，扣腕、剑上崩，剑尖略高于头部；左剑指向左、向上绕至头部左上方；目视前方（图 5-6-14）。

图 5-6-13

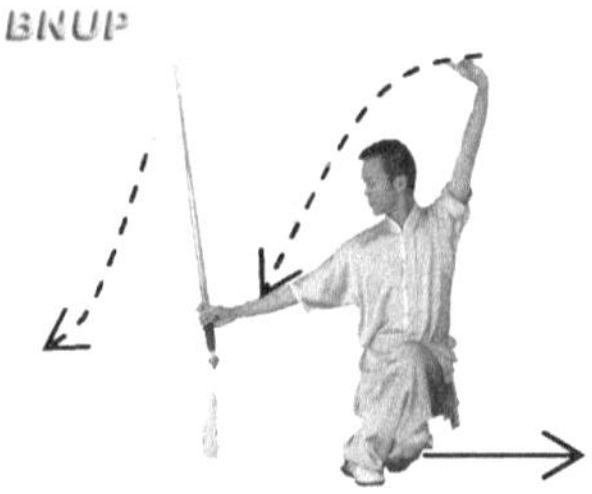

图 5-6-14

6. 弓步削剑

（1）身体立起并右转约 90°，同时剑尖向下落与腰同高，掌心斜向上，左剑指下落附于右手腕处，掌心斜向下；目视剑尖（图 5-6-15）。

（2）身体继继续右转约 90°，同时右脚随转体向前进成右弓步；右手握剑直臂向体前削出，剑尖略高于头部，掌心向上，左剑指后展，与腰同高，掌心向下；目视剑类（图 5-6-16）。

图 5-6-15

图 5-6-16

7. 左右挂剑

（1）重心后移，左腿支撑站立，右脚回撤，前脚掌点地；同时上体稍左转，右手握剑臂内旋，使虎口侧剑刃向下，随即扣腕向下、向左划弧挂起，虎口地侧剑刃向上；左剑指屈肘回收附于右手腕处，掌心斜向下；目视剑尖（图 5-6-17、图 5-6-18）。

（2）身体右转约 180°，随转体右脚尖外展，左脚跟离地，膝伸直；同时右手握剑向右侧绕环抡挂，剑尖高于头部，虎口向上；同时左脚上步，左剑指随势向体左侧伸出，与头部同高，虎口斜向上；目视右前方（图 5-6-19，图 5-6-20）。

图 5-6-17

图 5-6-18

图 5-6-19

图 5-6-20

8. 叉步压剑

左脚向体左侧上步，随即右脚经左脚向左插步，左腿曲膝成叉步；右手握剑臂外旋上举，随之向体左侧下压至在侧腰部，虎口向上，剑尖略高于肩；左剑指向上屈肘下落于右手腕处，掌心向下；目视剑尖（图 5-6-21、图 5-6-22）。

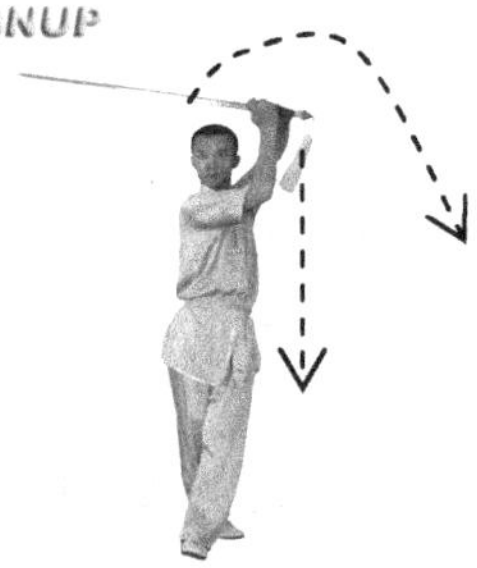

图 5-6-21

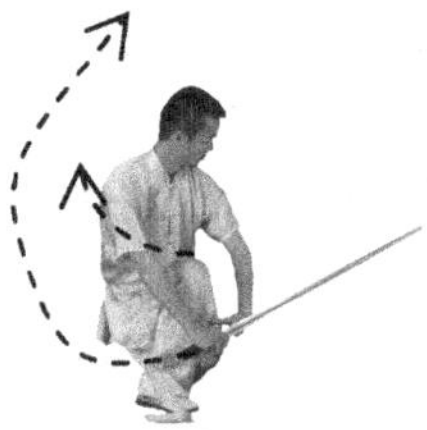

图 5-6-22

9. 提膝点剑

（1）身体右转约 180°，同时两膝伸直；右手握剑随转体上架，左剑指向下、向左直臂抬至腰高，掌心向下；目视右前方（图 5-6-23）。

（2）右腿支撑站立，左腿屈膝向前提高；右手握剑直臂向右下落至腰同高时，随即提腕下点，虎口侧剑刃向上；左剑指上举于头部在上方；目视剑尖（图 5-6-24）。

图 5-6-23

图 5-6-24

第二段：

10. 并步刺剑

（1）身体左转约 90°，右手握剑臂内旋、扣腕、使剑提于胯旁；左剑指下落与肩同高，拇指一侧向上；目视前方（图 5-6-25）。

（2）左脚向前下落上步，右脚向左脚并步，两腿屈膝半蹲；右手握剑向体前直刺，与肩同高，虎口侧剑刃向上；左剑指回收附于右手腕处，掌心斜向下；目视剑尖（图 5-6-26）。

图 5-6-25

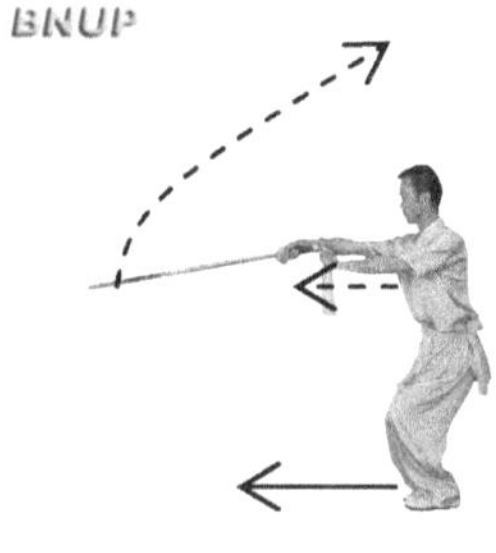

图 5-6-26

11. 弓步挑剑

右脚向前上步成右弓步；右手握剑直臂上挑，剑尖向上，掌心向上；左剑指直臂前指，与肩同高，掌心斜向前；目视前方（图 5-6-27）。

12. 歇步劈剑

重心前移，左脚向上步成歇步；右手握剑直臂向体前下劈，剑尖与腰同高，虎口侧剑刃向上；左剑指回收附于右小臂内侧，掌心斜向下；目视剑尖（图 5-6-28）。

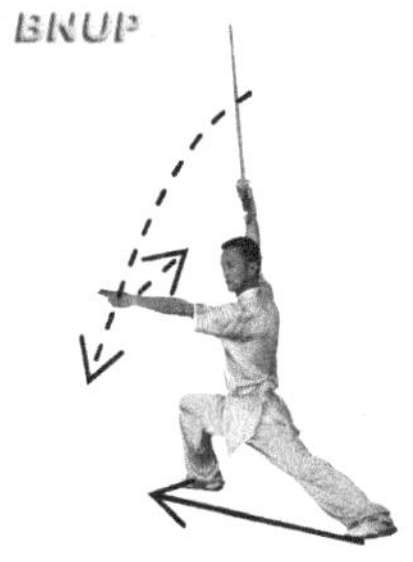

图 5-6-27

图 5-6-28

13. 上步截腕

（1）身体立起，右脚向前上步，随之左脚再向前上步成虚步；同时右手握剑，以腕为轴，使剑的前端逆时针划弧了一周后随上步架起，掌心向右；目视前方（图 5-6-29、图 5-6-30）。

（2）左脚向前进步，随之后右脚再向前上步成虚步；同时右手握剑，以腕为轴，使剑的前端顺时针划弧一周后随上步托起，掌心向右；左剑指向下经右胸向左绕至头部左上方；目视前方（图 5-6-31、图 5-6-32）。

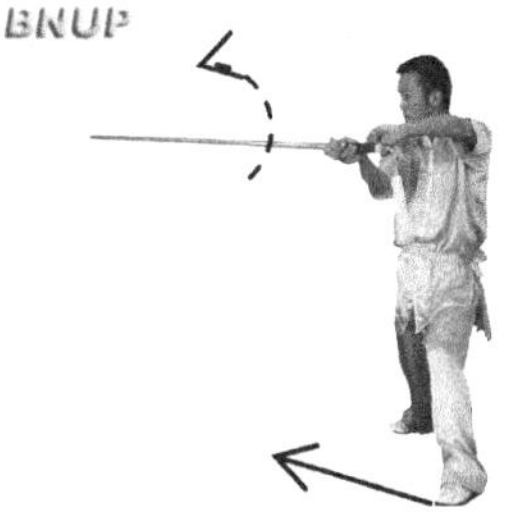

图 5-6-29

图 5-6-30

图 5-6-31

图 5-6-32

14. 跳步撩剑

（1）左脚向前上步，脚尖外展，随之身体左转，右脚随转体向身体右侧摆起；右手握剑向上、向左下落，剑尖略高于头部，右手握剑于腹前左侧，虎口向上；左剑指下落附于右手腕处，掌心斜向下；目视左前方（图 5-6-33）。

（2）右脚下落支撑站立；同时左腿蹬地起跳向体后撩踢成望月平衡；右手握剑向下、向后直臂撩出，剑尖略高于头部，小指侧剑刃向上；左剑指向下、向左挑起，与头部同高；目视剑尖（图 5-6-34）

图 5-6-33

图 5-6-34

15. 仆步压剑

（1）身体右转约 90°；右脚碾转，左脚向身体左侧下落上步，稍屈膝；右手握剑，以腕为轴，立剑在体前向下贴身立圆绕环一周，随之臂外旋，使掌心翻转向上；目视剑尖（图 5-6-35）。

（2）左腿全蹲，右腿平铺成仆步；同时右手握剑屈肘回带，下压于腹前，剑尖与胸同高；左臂屈肘回收，左手剑指附于右手腕，掌心向下；目视剑尖（图 5-6-36）。

图 5-6-35

图 5-6-36

16. 提膝刺剑

重心右移，右腿支撑站立，左腿屈膝向体前提起；同时右手握剑向身体右侧直臂刺出，与肩同高，掌心向上；左剑指向上架起，位于头部左上方；目视剑尖（图 5-6-37）。

17. 弓步抹剑

身体左转约 90°，左脚下落上步成左弓步；右手握剑随转体向前平抹，与肩同高，掌心向上；左剑指下落经右向左绕至头部左上方，掌心向前；目视剑尖（图 5-6-38）。

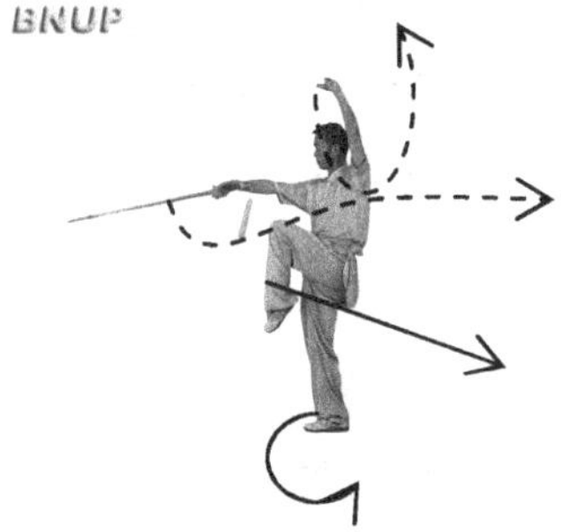

图 5-6-37

图 5-6-38

18. 收势

(1) 身体右转约 90°，同时重心右移，右腿屈膝，左腿膝关节伸直；右手握剑屈肘回带于体前，掌心向里，左剑指下落附于右手腕处，变掌，准备接握右手之剑；目视剑尖（图 5-6-39）。

(2) 重心左移，右脚向左脚并拢，并步站立；左手接剑下落于身体左侧，掌心向后；右手变剑指向下、向右抬起，再屈肘经耳侧直臂下落，掌心向左；目视前方（图 5-6-40、图 5-6-41、图 5-6-42）。

图 5-6-39

图 5-6-40

图 5-6-41

图 5-6-42

三、初级棍术

这套棍术是《中国武术段位制》初级段位规定的长器械套路之一。

(一) 动作名称

预备势：

第一段：

1. 虚步劈把
2. 弓步里绞戳棍
3. 插步抡劈棍
4. 翻身抡劈棍
5. 马步平抡棍
6. 跳步半抡劈棍
7. 右左提撩棍
8. 转身仆步摔棍

第二段：

9. 马步崩把
10. 马步把劈棍
11. 歇步半抡劈棍
12. 左右云拨棍
13. 弓步挑把棍
14. 转身弓步戳棍
15. 踢腿撩棍
16. 弓步拉棍
17. 收势

（二）动作说明

预备势：

两脚并步，身体直立，两臂自然下垂于体侧，右手持棍立于身体右侧，目向前平视（图 5-7-1）。

图 5-7-1

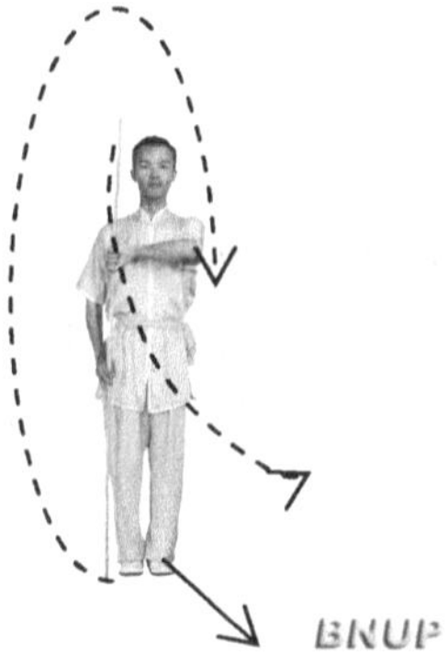

图 5-7-2

图 5-7-3

第一段：

1. 虚步劈把

（1）左手屈肘从身前伸向右肩处，臂内旋使拇指外侧朝下，掌心朝前，反把握住棍之前端（图 5-7-2）。

（2）右腿屈膝略蹲，左脚上步以脚尖虚点地面，成左虚步；同时，左手从右肩处由前向腰侧屈肘绕环，使棍端由前向后弧形绕行；右手由下向上屈肘绕环，使棍把由下向上弧形绕行，至上方时，右手向胸前直臂绕环至平举部位，使棍把向前弧形绕行平劈；左掌心朝里，右掌心朝下；目视棍把（图 5-7-3）。

2. 弓步绞戳棍

（1）身体稍向左转，左脚向左侧上一步，两腿屈膝；同时，右手从胸前直臂向下，屈肘向右绕环，使棍把由下向右弧形绕行；左手从左腰侧屈肘向上，经左肩向左绕环，使棍梢由上向左弧形绕行，右掌心朝后，左掌心朝下；目视棍梢（图 5-7-4）。

（2）上身稍向左转，右脚跟展，右腿挺膝伸直，左腿屈膝半蹲成为左弓步；同时左手向前直臂平伸，右手屈肘收于右肋侧，使棍梢端向前平戳；目视棍梢（图 5-7-5）。

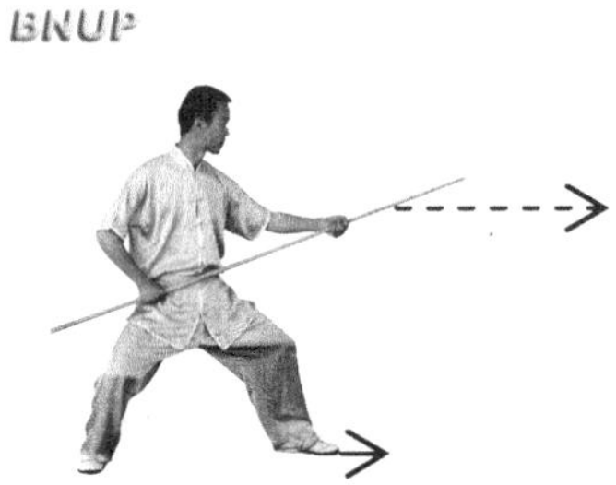

图 5-7-4

图 5-7-5

3. 插步抡劈棍

（1）身体重心后移，左脚收回半步，膝关节微屈，脚尖点地成左虚步，两手握棍；左脚尖外撇，上体左转 90°，右脚上前，同时右手从右肋侧屈肘向上，经右耳直臂向前绕环，使棍把由后向前弧形绕行；左手从前直臂向下屈肘，向右腋下绕环，使棍梢由下向后弧形绕行（图 5-7-6、图 5-7-7）。

图 5-7-6

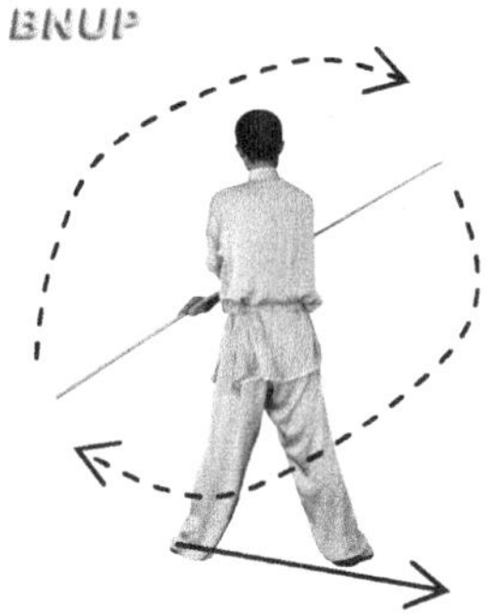

图 5-7-7

（2）上动不停，右手继续向下，经左腿外侧向左肩上方绕行，左手顺势稍下降；同时左脚从身后向右侧插一步，成交叉步；同时，左手握棍由上向身前抡动，右手握棍由下向左腋下绕行，使棍身在胸前转半个立圆，棍梢用力向身体右下方抡劈；目视棍梢（图 5-7-8、图 5-7-9）。

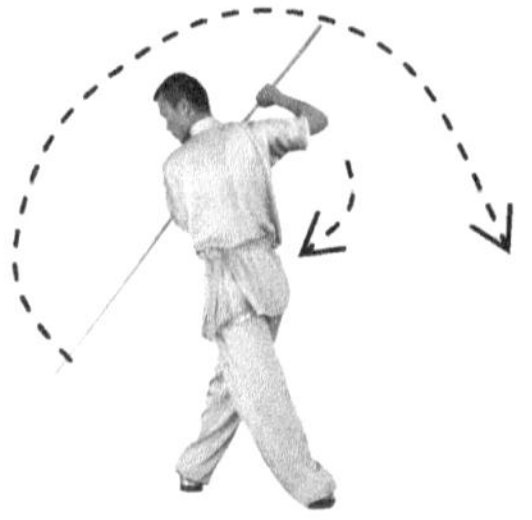

图 5-7-8

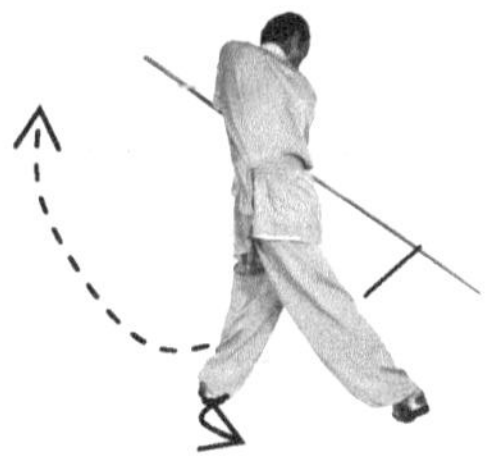

图 5-7-9

4. 翻身抡劈棍

以两脚为轴，上体向左后翻转，两腿屈膝半蹲成半马步；同时左手握棍下压，继而由左向上随翻身动作向左侧前方下劈；右手握棍顺势置于右腹前，棍梢略高于棍把；目视左前方。（图 5-7-10、图 5-7-11、图 5-7-12）。

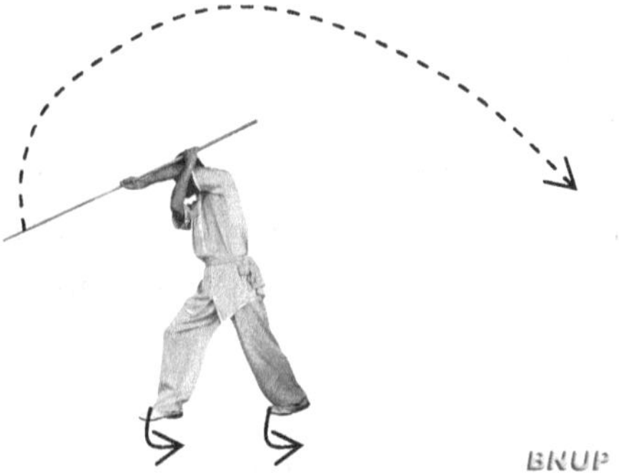

图 5-7-10

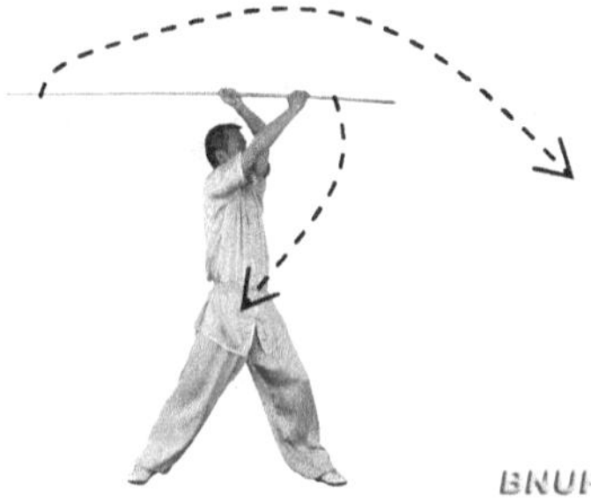

图 5-7-11

图 5-7-12

5. 马步平抡棍

（1）右手握住棍把上举，使棍身经过头上向后下落，背于后肩上；随即左臂伸直，掌心向上，手握于棍梢近端；目视棍梢（图 5-7-13）。

图 5-7-13

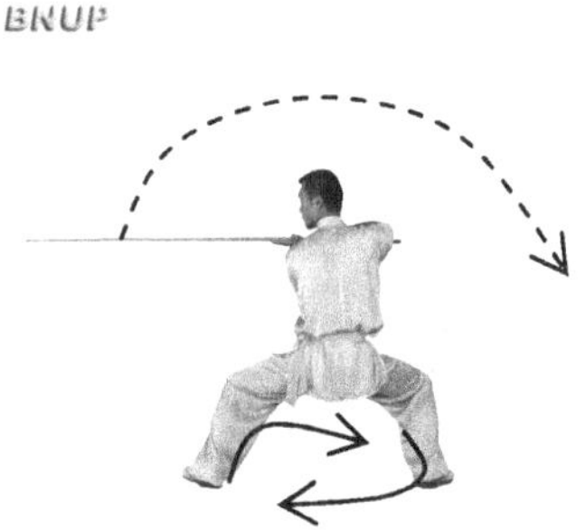

图 5-7-14

（2）左手撒开，右手握住棍把用力向身前抡动，使棍梢平抡一周；同时，身体顺平抡棍之势，以左脚为轴从左侧后转，右脚向转体前的身体左侧上一步，随即两腿半蹲成马步；平抡棍后，两臂平屈胸前，左手松握于右手外面，掌心均向下，棍身架于左臂部，棍梢指向身体左侧（偏后）；目视右前方（图 5-7-14）。

图 5-7-14　正面附图

6. 跳步半抡劈棍

两脚同时蹬地跳起，以转胯的力量使身体从右向后转，随即两脚同时落地成马步；两脚起跳时，左手上滑于棍的中段，并使棍略上举；身体转跳时，棍梢沿身体向前平抡半圆；在两脚落地成马步时，两手向右前斜下猛劈，左手随即向前松握滑把，左臂伸直，棍梢指向身体左侧，右手握住棍把撤至右腰前；目视棍梢（图 5-7-15）。

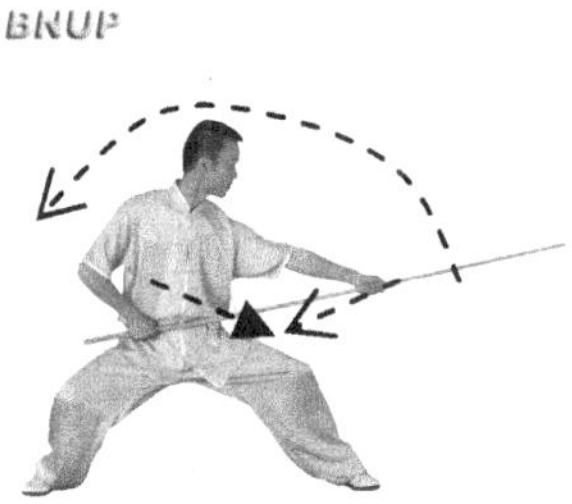

图 5-7-15

7. 右左提撩棍

（1）两脚直立，左脚稍回收，左手向棍把一端下滑并迅速换握于右小指下侧，两手一齐向上向右绕行。同时上体右转，使棍梢由上向转体前的右侧方抡动，划半个立圆。双手握棍举于胸前；目视棍梢（图 5-7-16）。

（2）紧接上一个动作，上体迅速从左向后转，两手握棍继而由上向后上方抡动并停在胸前；同时右脚跟上一步，使棍梢向前撩出，划半个立圆；此时，左腿半蹲成右虚步，两手屈臂举于脸前，棍梢与胸同高；目视棍梢（图 5-7-17）。

（3）上动不停，左手迅速移至右手拇指前握棍，两手一齐继续向左后抡棍；同时，两腿随转身动作逐渐蹬直，两臂伸直，两手握棍位于腰腹前；目向前平视（图 5-7-18）。

（4）紧接上一个动作，两手握棍继续由下向头部前上摆起；同时上体向右后转，左脚经右腿前面向前上一步，使棍向下经身体左侧向上撩起；此时，右腿半蹲成左虚步，右手握住棍把置于头部前上方，左手在脸前托住棍身，棍梢与胸同高；目平视前方（图 5-7-19）。

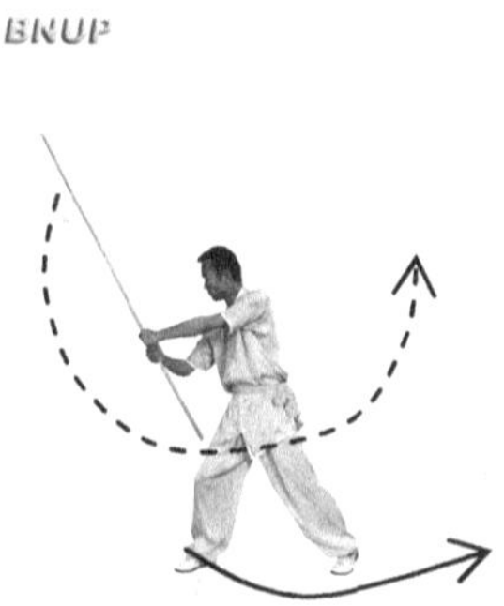

图 5-7-16

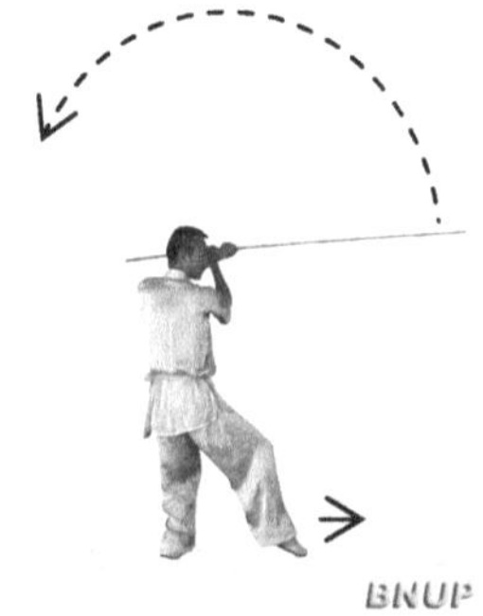

图 5-7-17

图 5-7-18

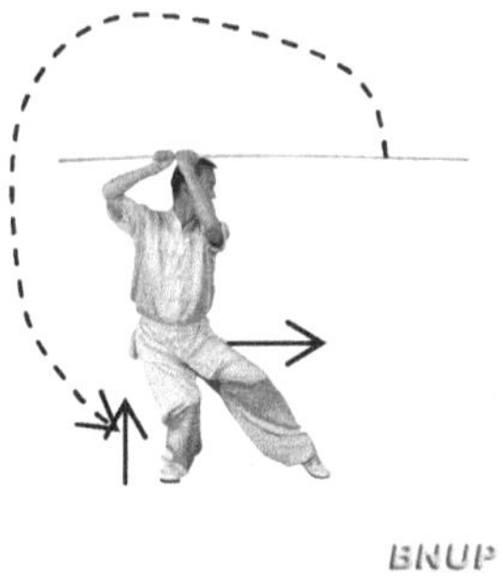

图 5-7-19

8. 转身仆步摔棍

（1）上动不停，两手握棍继续由上向身后抡出，同时左脚掌里扣，右脚跟碾转，两腿逐渐伸直，上体随即右转（图 5-7-20）。

（2）紧接上一个动作，右脚屈膝在身前提起，同时两手稍上提，左臂内旋，使左手虎口向下，右手稍放松，使棍梢由前向下抡绕（图 5-7-21）。

（3）紧接上一个动作，两手继续使棍沿身体右侧向后下抡臂，同时右脚向身后落步、全蹲，左脚伸直平仆，上体稍右转，成左仆步。此时，左臂伸直，右臂屈肘于胸前正下方，棍梢前半段摔地，上体稍前倾，目平视前方（图 5-7-22）。

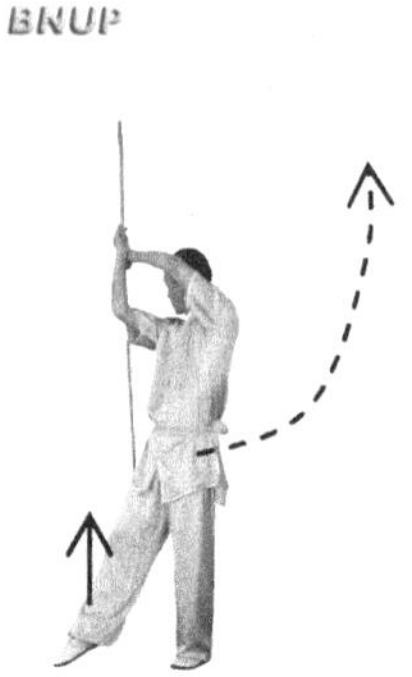

图 5-7-20

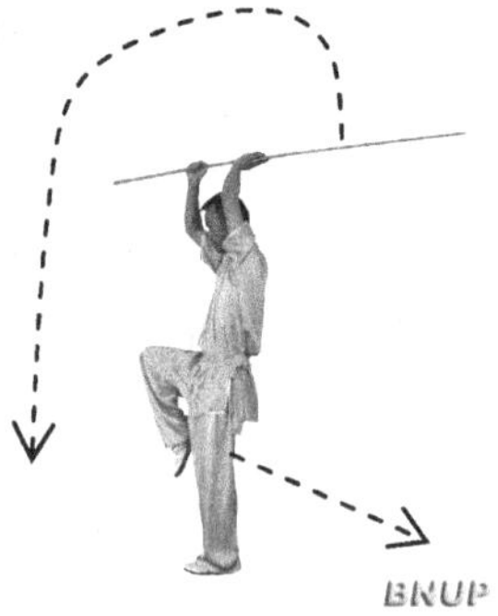

图 5-7-21

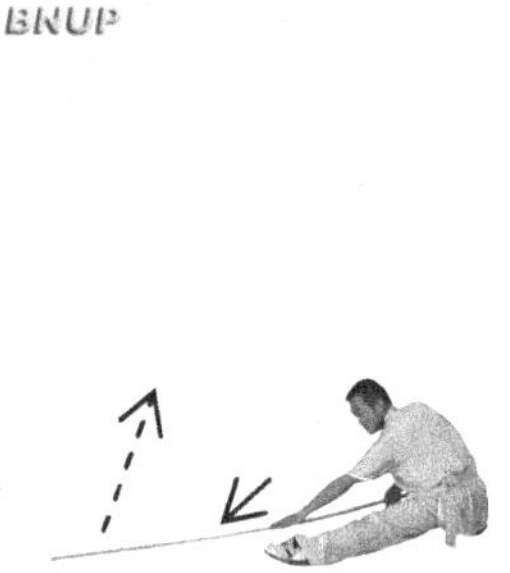

图 5-7-22

第二段：

9. 弓步崩棍

右腿挺膝蹬直，左腿屈膝半蹲，成左弓步；同时，左手略向右手方向滑棍，棍顺势前送，两臂自然伸直；右手猛力向下压，使棍梢从下向上崩挑，高与头平；目视棍梢（图 5-7-23）。

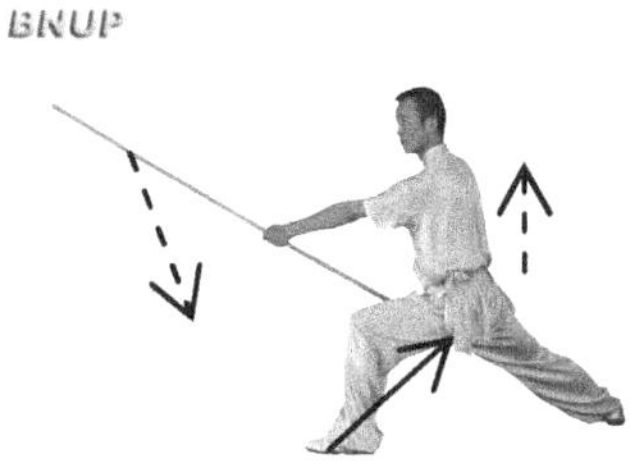

图 5-7-23

10. 马步把劈棍

（1）身体重心后移，左脚随即稍回收，上体右转，两腿半蹲成半马步；同时，右手握住棍把向身体右上方提抽，左手顺势向棍梢一端滑握；目视左下方（图 5-7-24）。

（2）左脚向右脚后撤一大步，上体随即向左后转，两腿半蹲成马步；同时，右手随着转体动作从右肩前上方一面滑握于棍身中段，一面由前向右做抡劈的动作；左手迅速换握并顺势撤至左腰侧，使棍把由上向身体右侧抡劈；此时右臂向右伸平，掌心向下，虎口向左，左手虎口向右，把端高度在胸下腰上之间；目视棍把（图 5-7-25）。

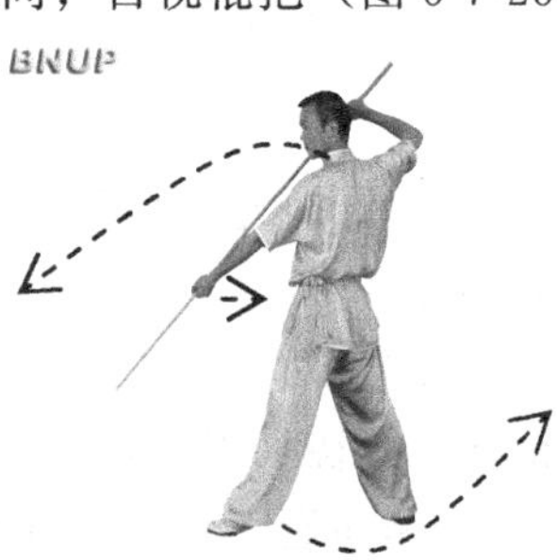

图 5-7-24

图 5-7-25

11. 歇步半抡劈棍

以右脚跟和左脚掌为轴，上体右转，两腿屈膝全蹲成歇步；同时右手滑握至棍把，并收至腹前，左手滑握至棍身中段，并由上向前抡劈，使棍梢随转体动作由上向身前平劈；此时，左臂向前伸直，掌心向下，虎口朝前；右手握棍于腹前，棍梢与肩同高；目视棍梢（图 5-7-26）。

12. 左右云拨棍

（1）两腿立起，随即左脚向前上一步；同时两手将棍向上平举，左手掌心向上，虎口向前，头微后仰；目视棍梢（图 5-7-27）。

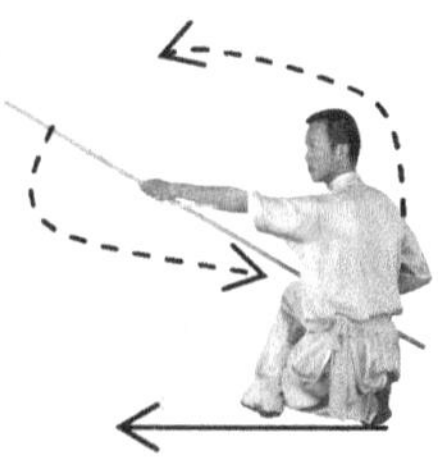

图 5-7-26

（2）上动不停，两手握棍使棍梢由左向前在头上平绕一周，再向左上方拨动；此时，左臂伸直，掌心朝下，右手置于左腋下；同时，右脚向前上一步，两腿屈膝成右虚步，棍梢略高于头部；目视棍梢（图 5-7-28）。

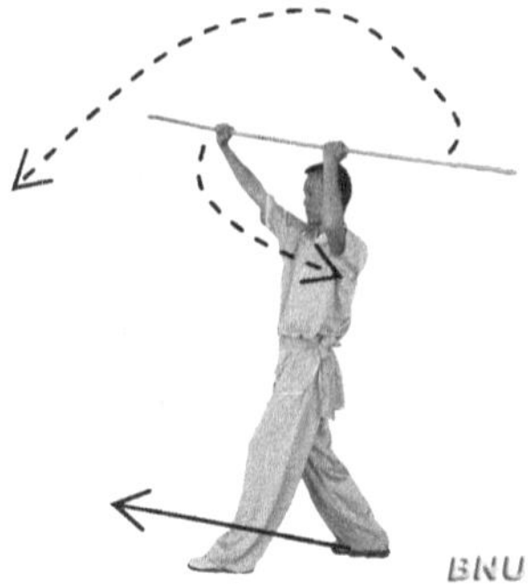

图 5-7-27

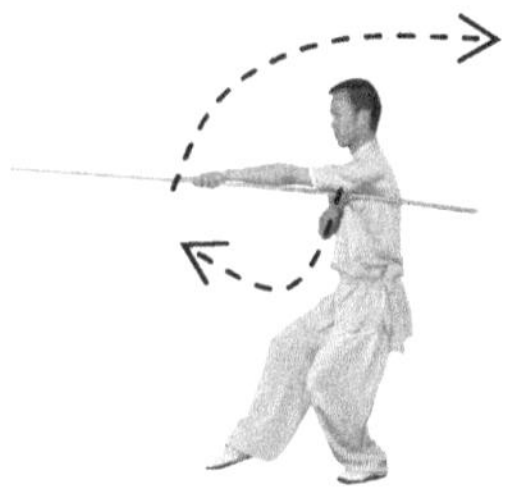

图 5-7-28

（3）接上动，左手握棍由右向左再向前绕行一周；右手握棍把由左腋下向前上经头部向右上绕行，使棍身在头上转一圈；同时，右脚向右侧斜前方跨半步，膝关节微屈（图 5-7-29）。

图 5-7-29

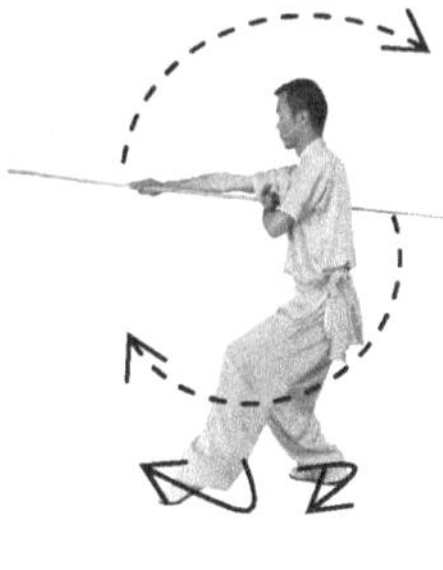

图 5-7-30

（4）身体重心前移，左脚向前上步成左虚步；同时，右手由头部右侧向后，再向身体右前侧绕行，臂部伸直斜上举；左手顺势绕至右腋下，掌心朝上，使棍把由身后向身体右前上方划半圆拨击，棍把一端略高于头部；目视棍把（图 5-7-30）。

13. 弓步挑把棍

（1）右腿立起，两腿叉开站立；两手握棍使棍把由前向上绕至头前上方；目视左侧（图 5-7-31）。

（2）上动不停。右脚向身体左侧上一大步，屈膝，左腿挺膝蹬直成右弓步；同时右手继续向后下绕行，左手握棍屈肘于左肩前，使棍把由上向后下抡绕；目视棍把（图 5-7-32）。

（3）上动不停。同时上体左转，右手由后下向前绕行，左手顺势收回左腰胯前，使棍把向前上方挑起，略高于头顶；目视棍把（图 5-7-33）。

图 5-7-31

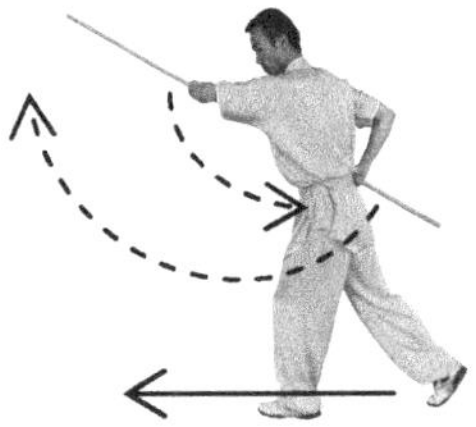

图 5-7-32

图 5-7-33

14. 转身弓步戳棍

（1）右脚尖里扣，左腿屈膝提起，成右独立势；同时上体稍左转，右臂在右肩外侧平屈，左手稍向棍身中段滑握，然后臂伸直贴在左腿内侧；目视棍梢（图 5-7-34）。

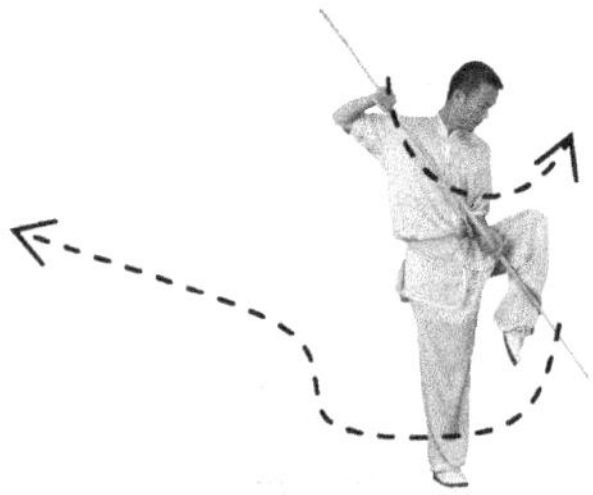

图 5-7-34

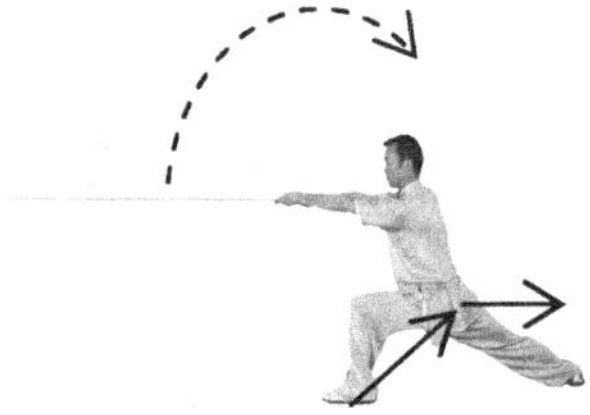

图 5-7-35

（2）上动不停，右脚尖里扣，上体从左向后转 180°。左脚向身体左侧落步成左弓步；同时两手握棍使棍梢向前平戳，左手松握后滑靠右手；目视棍梢

(图 5-7-35)。

15. 蹬腿撩棍

(1) 右脚稍向前移，身体重心移至右腿上，上体右转；同时两手握棍向上、向右侧体前抡劈；目视棍梢（图 5-7-36)。

(2) 上动不停，两手握棍使棍梢继续向下撩绕，上体随即再向后转，右腿顺着撩棍的方向，向右侧踢起；两手握棍置于胸腹前，棍梢高于头，目视棍梢（图 5-7-37)。

图 5-7-36

图 5-7-37

16. 弓步拉棍

(1) 左脚尖稍外撇，上体左转，右腿屈膝准备下落于身体右侧；同时左手上滑握于棍身中段，直臂向上、向后绕行，使棍梢向后上方抡绕；目向左平视（图 5-7-38)。

(2) 上动不停，右脚在身体右侧落步成右弓步；同时右手向右肩前拉带并内旋，左臂直臂下压内旋，棍身斜放于身前，棍梢位于膝下踝上之间；目向左侧平视（图 5-7-39)。

图 5-7-38

图 5-7-39

17. 收势

(1) 右脚立起，左脚收至右脚内侧与右脚并步站立；同时右手使棍把由右肩前向身体右侧下落于右脚外侧地上，臂伸直，右手滑握于棍身中段；左手握棍顺势由上向右肩上方屈臂下落于胸前，棍身直立；目视正前方（图 5-7-40）。

（2）接上动。左手离棍，垂于身体左侧；目视正前方（图 5-7-41）。

图 5-7-40

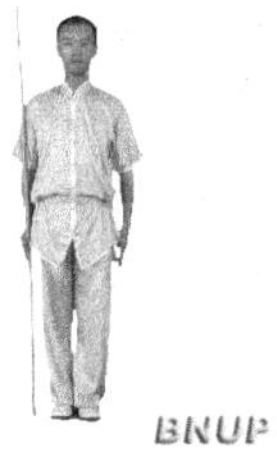

图 5-7-41

第六章　武术运动防身自卫技法

武术运动中防身自卫的目的与作用是指在自己的生命安全及利益受到不法侵害时，而使用的一种正当的防卫方法与技能。其核心是攻防技术，集武术精华的防卫技术也具有攻击性与侵害性，它是一门以制伏对方，保护自己为目的的专业技术，其在现代社会中的运用理应符合法治社会的要求。其技法的使用除了理论结合实际外，在实际不同的情形下，如车内、水中等还要注意区别不同的使用方法。但不管在什么情形下练习或使用其技法必须要遵守武德并在法律允许的范围内进行。

第一节　武术运动防身自卫概述

在现代文明法治社会里，我们越来越崇尚运用公力救济去解决各种纠纷，私权力的运用被限制在严格的法律框架内。对公民使用具有伤害性的行为来保护自我合法权益，各国法律都规定了相应的制度来规范其正当行使。诚如国际泰拳协会秘书长斯蒂芬·福克斯所言："武术是关于自律的，是用来控制暴力而不是使用暴力。武术可以保护自己，威慑对手，从而达到抑制犯罪的目的。"其阐明的重点在于"防"，而不在于"攻"。我国也在《刑法》《民法通则》与《侵权责任法》等多部法律中规定了正当防卫制度，只有符合正当防卫要件的行为才是受法律保护的合法行为，否则就会造成新的不法侵害，行为人将承担相应的法律责任。这不仅是习武者保持身心健康时的必备素质，更是我们古训中对"武德"要求的必修内容。

所谓武术防身自卫技法中的"正当防卫"在法律概念里是指："为了保护国家、公共利益、本人或者他人的人身、财产和其他合法权益免受正在进行的不法侵害，采取对不法侵害人造成损害的方法，制止不法侵害的行为。"武术防身自卫的正当防卫需要具备防卫起因、防卫时间、防卫意图、防卫对象与防卫限度五个方面的条件。

（一）防身自卫的防卫起因

防身自卫的防卫起因是指在防卫前存在现实的不法侵害。正当防卫是制止不法侵害，保护合法权益的行为，理所当然已经存在不法侵害为前提。这里的不法侵害必须是现实、客观存在的不法侵害，而不是我们主观想象中的、不存在的不法侵害，否则属于假象防卫，是要承担相应的法律责任的。另外，不法侵害可以是违法行为，也可以是犯罪行为，但要具备攻击性、破坏性和紧迫性，不然我们没有必要采用私权力的方式去救济。

（二）防身自卫的防卫时间

防身自卫的防卫时间是指不法侵害正在进行。不法侵害正在进行是指不法侵害已经开始并且尚未结束的过程。在不法侵害正进行时，不仅使合法权益处于紧迫的被侵害或者威胁之中，还使防卫行为成为保护合法权益的必要手段。如果不法侵害尚未开始或者侵害人已被制伏，丧失侵害能力，或者侵害人自动中止，逃离现场，我们都不能进行所谓的正当防卫，否则将承担事前防卫或事后防卫的法律责任。

（三）防身自卫的防卫意图

防身自卫的防卫意图是指保护合法权益不受非法侵害的目的。正当防卫之所以正当，关键就在于防卫人是出于保护合法权益免受不法侵害的目的。如果防卫人是出于保护非法利益或出于其他不正当的目的，其行为也就丧失了合理性及合法性，自然得不到法律的保护。在现实生活中，为了保护非法利益不受侵害，而为了侵害他人而故意挑拨他人先向自己进攻，然后再进行所谓的防卫，即为防卫挑拨；或者在相互斗殴中彼此都有伤害对方的意图等，那么这些行为就不具备正当的防卫意图，所以它也不是合法的正当防卫行为。

（四）防身自卫的防卫对象

防身自卫的防卫对象是指针对不法侵害者本人。不法侵害是由不法侵害人的行为造成的，只有针对不法侵害者本人才能有效制止不法侵害，也只有针对其本人，这种防卫行为才具有正当性。针对没有实施侵害行为的人而采取制止行为，在不符合紧急避险条件下却采取紧急避险行为，都是一种故意犯罪行为。因为用牺牲一种合法权益去保护另一种合法权益，是用一种恶去代替另一种恶的方式，很难说其具有合理性及正当性。

（五）防身自卫的防卫限度

防身自卫的防卫限度是指不能超出必要限度而造成重大损害。防卫行为必须没有明显超过必要限度而造成重大损害，否则便是防卫过当。“必要限度”应以制止不法侵害，保护合法权益所必需的标准。一方面，要分析双方的手段、强度、人员多寡与强弱，及在现场所处的客观环境与形势等；另一方面，还要权衡防卫行为所保护的合法权益与防卫行为所造成的利益损害之间的大小关系，不能悬殊过大，不能为了微小利益而损害较大的利益。

“武以德显、德为武魂”，当习武者遵循了以上法律的原则与条件时就具备了“德”的修为，其防身自卫的行为也会合乎礼法，并顺其道义。

第二节　人体主要关节、要害部位与重要穴位

武术防身自卫实施的对象是人，人体的结构有其固定的生理特点，也是在人类进化过程中逐步形成的，它也决定了人体自身的运动规律。使用武术技法是基于人体生理结构所创建的，因而，学习和使用防身自卫擒拿手法时，首先要了解并掌握人体的解剖结构特征，在此基础上才能抓住人体运动系统的规律特征。人体外有分层、分群的强大肌群，内有神经、经络、血管和淋巴穿行其间而形成人体的运动系统；人体运动主要关节的基本形态及其机理，以及骨与骨之间以关节相连接，即构成骨骼，成为人体的框架；人体的要害部位及经络和所属重要穴位等，其间蕴藏着人体的生命系统、思维意识系统和感知系统等，使人体成为有机的生命活体。只有掌握了这些，才能正确理解和掌握防身自卫中擒拿技法的每一个技术和技法要求。必要时，还要掌握人体生命运动力学的基本原理，以便掌握正确的发力顺序及力的变换应用，做到正确理解和掌握实际技法中的动作要领及其功法规则。这也是保护自己并避免受伤的基础知识。

根据武术防身自卫中擒拿技法的实施手段，按照人体生理内部系统结构，在此特对人体内主要关节、要害部位从八个方面与附注于人体内 720 个穴位内（其中又分单穴、双穴与经外奇穴）的 36 个致命穴位（俗称死穴，根据打击力度可出现麻木、昏眩与致命等不同程度）进行如下图解。（图 6-1-1，图 6-1-2，图 6-1-3）

人体内主要八大关节是指脖关节、肩关节、肘关节、腕关节、指关节、髋关节、膝关节及踝关节。

人体内八大要害部位是指头部、喉部、胸部、肋部、腹部、背部、腰部及裆部。

人体内 36 个重要穴位是指百会、印堂、睛明、人中、太阳（1 对）、耳门（1 对）、阙阴（1 对）、完骨（1 对）、翳风（1 对）、迎门（1 对）、玉枕（1 对）、哑门、灵台、天突、肩井（1 对）、华盖、膺窗（1 对）、膻中、乳中（1 对）、乳根（1 对）、鸠尾、期门（1 对）、章门（1 对）、神阙、气海、关元、中极、命门、肾俞（1 对）、曲骨、外关、会阴、海底、足三里（1 对）、三阴交（1 对）、涌泉（1 对）。

控制关节与反关节擒拿，要害与非要害，死穴与非死穴，又都是相对的，是可以随着彼此双方的环境及条件的改变而改变的。

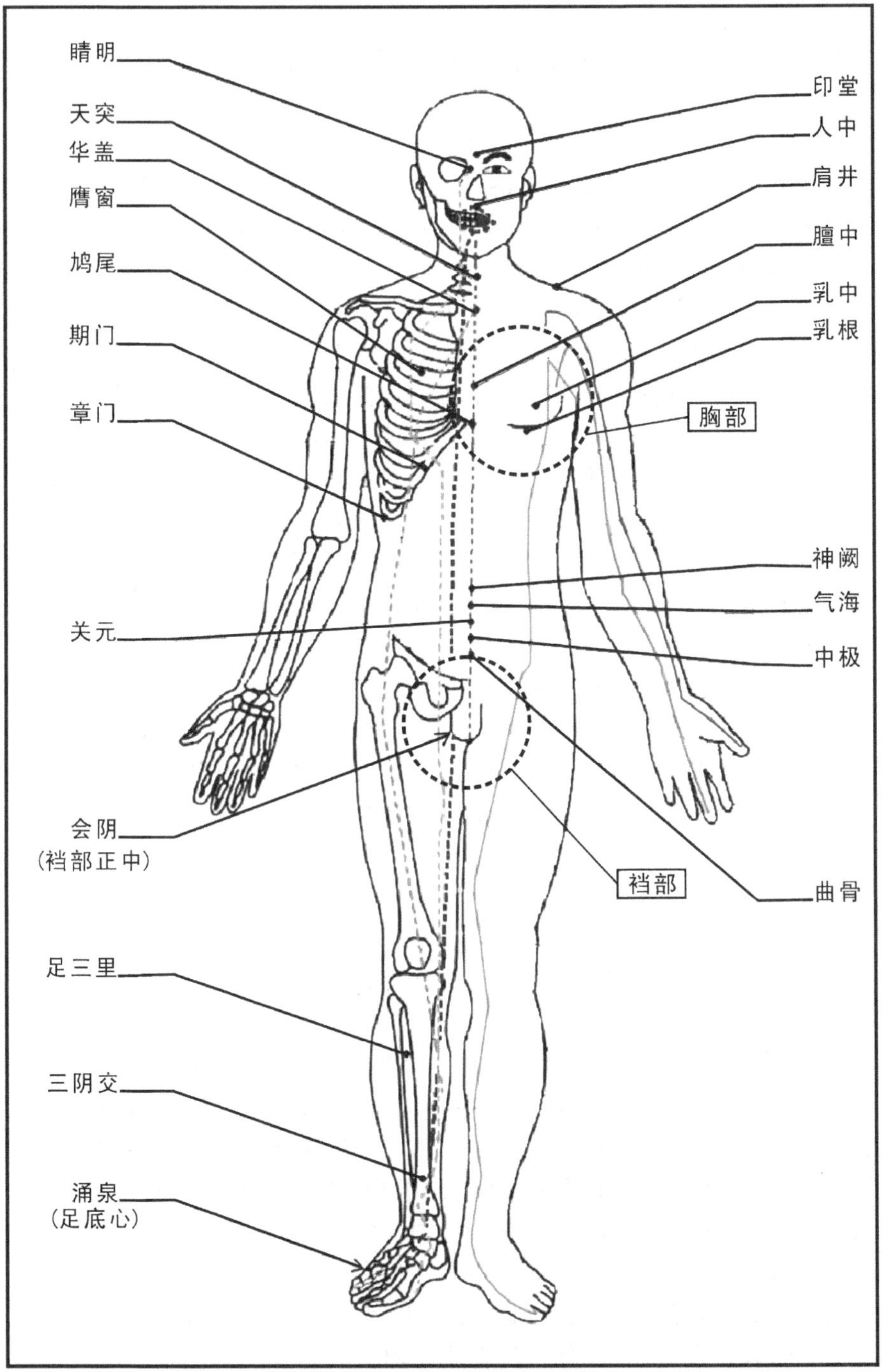
睛明
天突
华盖
膺窗
鸠尾
期门
章门
关元
会阴
(裆部正中)
足三里
三阴交
涌泉
(足底心)
印堂
人中
肩井
膻中
乳中
乳根
胸部
神阙
气海
中极
裆部
曲骨

图 6-1-1

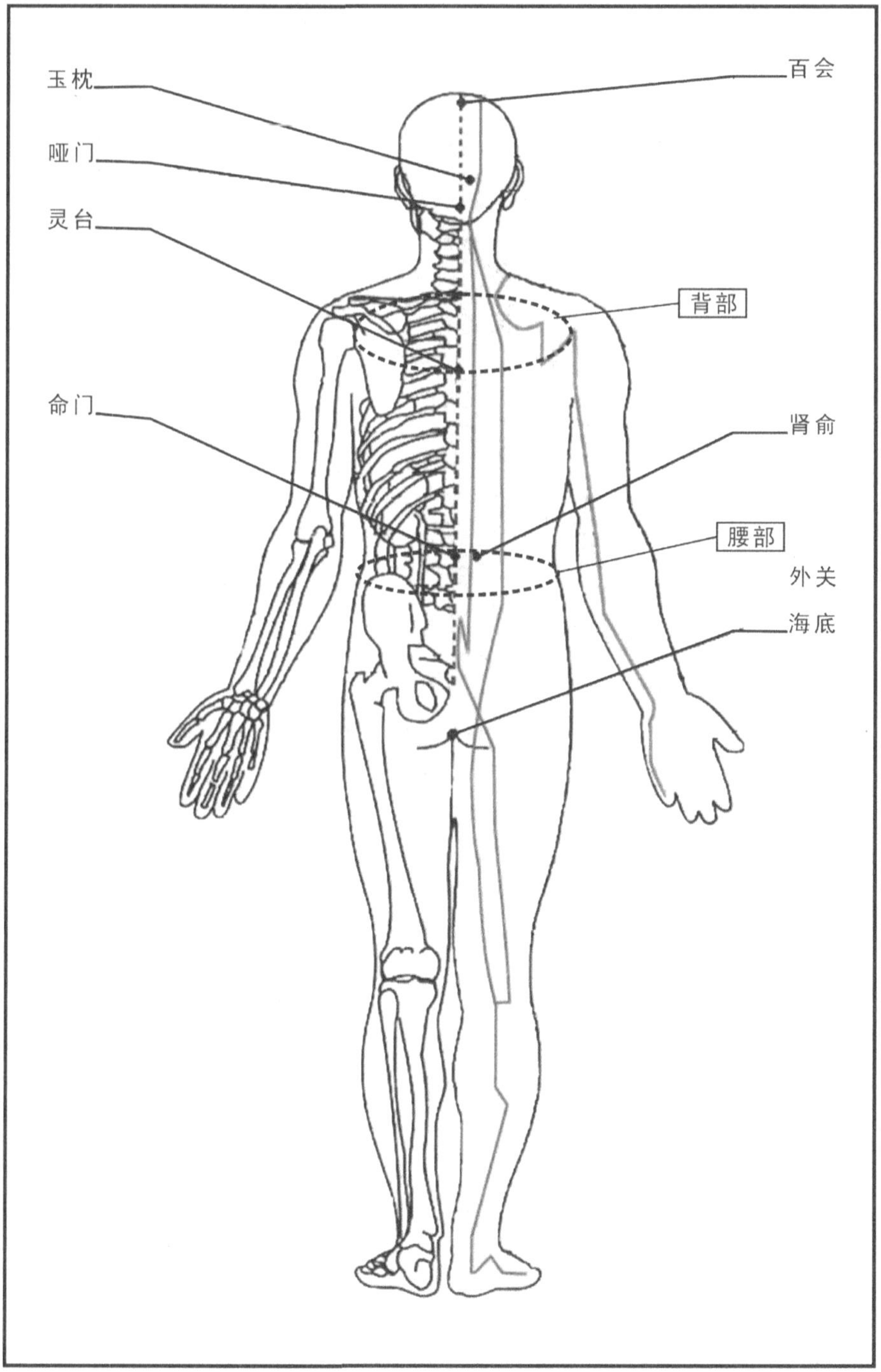

图 6-1-2

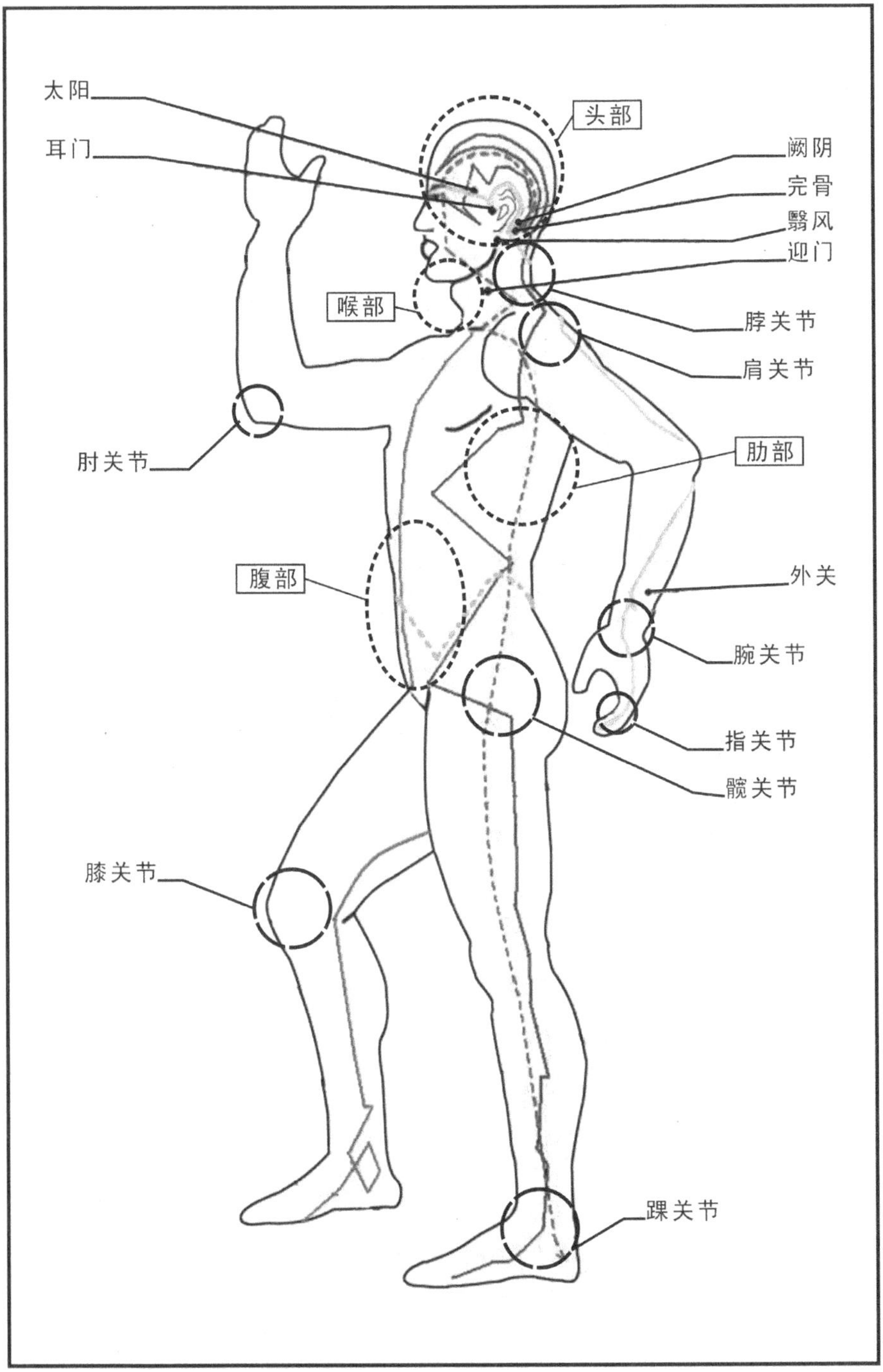

BNUP

图 6-1-3

第三节　基本防卫格斗势与步法

一、基本防卫格斗势

严密的防卫格斗势是攻击与防守对方的准备姿势，它有多种表现形式，在此提供两种带有普遍意义的防卫格斗姿势。

（一）站立格斗势

动作要领：在立正动作基础上，以右侧身格斗势为例，身体半边向右转约 45°，两脚分开约与肩同宽，右脚跟可微提起，两膝微屈，身体重心在两腿之间保持身体的灵活；两臂自然下垂置于身体两侧，两手可半握拳或成掌形；口齿微闭，沉肩垂肘，含胸收腹，目视前方有神。左侧身站立格斗势时动作相同，方向相反（图 6-2）。

要求：精力集中的同时，姿势与表情要尽量做到自然放松，并便于攻防与移动。

（二）实战格斗势

动作要领：在立正动作基础上，身体半边向右侧身转动约 45°，两脚分开约与肩同宽，两膝微屈，右脚脚跟微提起外摆，身体重心落于两腿之间；两手抬小臂成半握拳一前一后置于颌前，左肘弯曲大于 90°与下颚相距约 60 公分并同高，右肘弯曲约 45°与下颚同高并相距约 10 公分；沉肩坠肘，口齿微闭，目视对方（亦称正格斗势）（图 6-3-1）；必要时，在其他动作不变的情况下，左脚脚跟微提起（图 6-3-2）。或左侧身抬手半握拳成格斗势（简称反格斗势），此动作与前面所练习正格斗势动作基本相同，只是方向相反。

图 6-2

图 6-3-1

图 6-3-2

要求：为了结合实战步法，两脚前后错开的中线距离约一脚之宽，两脚跟可交替提起进行移动。

二、基本步法

有武术谚语道："功夫有没有，全看一步走"，可见步法在武术运动中的重要性。步法是配合攻防动作的运用，以及保持身体平衡与控制有效距离。要求做到快捷、轻灵与随机应变不僵滞，可以结合拳法、腿法等进行练习，并以对方为轴心而移动步法。

（一）进、退步

主要用于向前、后及斜向移动，急进、急退用于突然进步攻击和急退防守。

动作要领：1. 在实战格斗势动作基础上，前进步时，左脚进一步右脚随即跟进一步（图 6-4-1、图 6-4-2、图 6-4-3、图 6-4-4）。

图 6-4-1

图 6-4-2

图 6-4-3

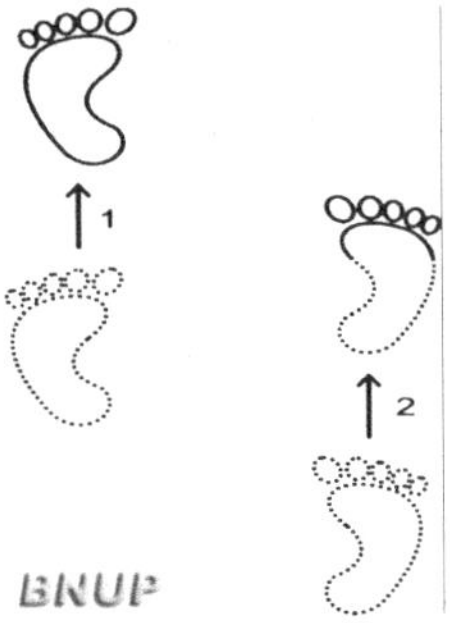

图 6-4-4

2. 在实战格斗势动作基础上，退步时，右脚后退一步，左脚随即后退一步。急进与急退步时，动作要领与前相同，脚步启动更迅速、突然（图 6-4-5、图 6-4-6、图 6-4-7、图 6-4-8）。

图 6-4-5

图 6-4-6

图 6-4-7

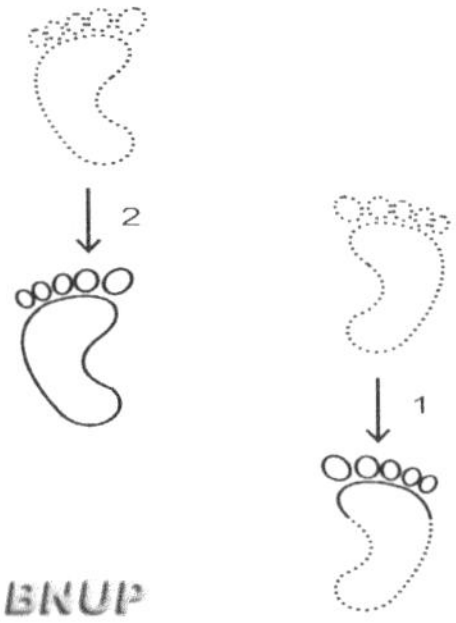

图 6-4-8

要求：左、右脚移动时微离地面，移动距离基本相等；跟进及时，上体与重心要平稳。

（二）前、后垫步

主要用于急进出腿或急退防守反击。

动作要领：

1. 在格斗势动作基础上，前垫步时，右脚蹬地并向左脚内前侧靠拢，左脚随即向前一步（图 6-5-1、图 6-5-2、图 6-5-3）。

图 6-5-1

图 6-5-2

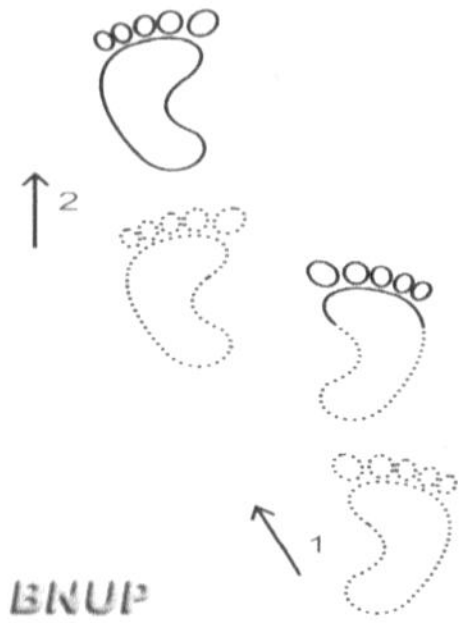
图 6-5-3

2. 在格斗势动作基础上，后垫步时，左脚蹬地向右脚内后侧靠拢，右脚随即向后退一步。（图 6-5-4、图 6-5-5、图 6-5-6）。

图 6-5-4

图 6-5-5

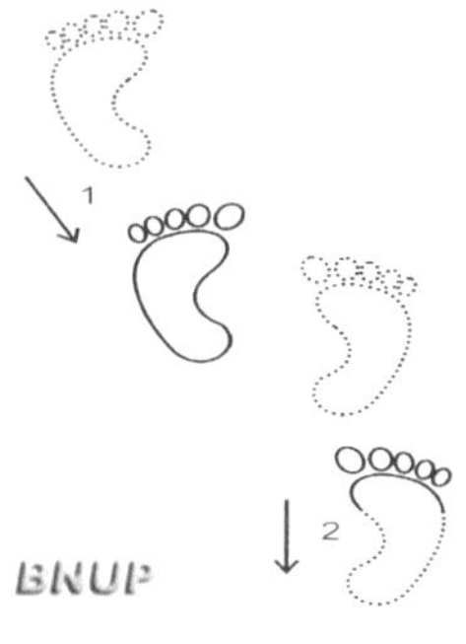
图 6-5-6

要求：蹬地有力，进、退迅速；前、后垫步时两脚移动距离基本相等，上体保持平稳，在前垫步时还要考虑便于起腿攻击。

（三）左、右横移步

主要用于向左、右横向或向心环绕移动躲闪对方的正面攻击，并利于迅速反击。

动作要领：

1. 在格斗势的基础上，左横移步时，左脚向左侧移动一步，右脚随即向左侧跟进移动一步（图 6-6-1、图 6-6-2、图 6-6-3）。

图 6-6-1

图 6-6-2

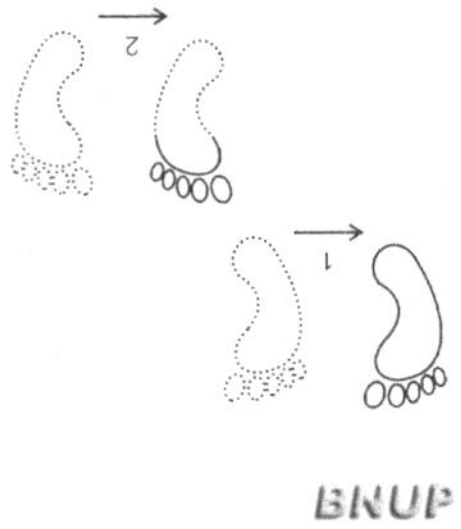

图 6-6-3

2. 右横移步时，右脚先向右侧横向移动一步，随后以髋部带动左脚向右侧滑动一步。（图 6-6-4、图 6-6-5、图 6-6-6）。必要时，向心环绕身体转动角度在 60°～90°之间，后移动的脚步大于前面移动的脚步。

图 6-6-4

图 6-6-5

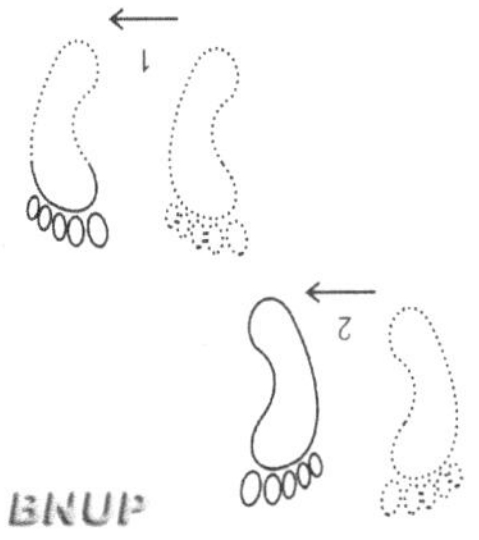

图 6-6-6

要求：动作要协调连贯，闪躲及时，攻防结合，防守中意欲攻击。

第四节　基本擒拿与抗击打技法

一、基本擒拿方法

在武术防身自卫中擒拿手法的作用，主要在有效保护自身安全的情况下，根据对方生理特点与结构来控制对方。擒拿手法的使用，贵在手脚并重、随机变劲、出其不意与攻其不备。每一个擒拿手法均要具备八面劲，这八面劲讲究随机变化而使用，从而形成擒拿手法中灵活机动的技战法。也就是说，只有熟练掌握其动作及原理，才能达到以制伏对手为目的的“无招胜有招”实战效果。擒拿与反擒拿又是相对的，是可以随着彼此双方的环境及条件的改变而改变，所以，只有不断实践与提高才可以达到上乘功夫。

其中抓筋拿脉、反挫关节与点穴闭经是擒拿技术的根本技法与要旨，一切擒拿技术的手法都是以此为基础并相辅相成、缺一不可，才合称其为擒拿。

其武术防身自卫中的擒拿法是很实用，但也是最难掌握的，必要时可有效打击或摔倒对方后再实施擒拿。其擒拿手法在以弱胜强、以少胜多的状况时，除了能体会到它“以柔克刚”的独特方法之外，还能领略到它的勇气与智慧。

（一）抓筋拿脉

动作要领：两人一组相对站立，一只手控制对方手臂，另一只手指先从腕部筋络（图 6-7-1），肘部筋络（图 6-7-2），再到肩部筋络（图 6-7-3 及图 6-7-4）和颈部筋络（图 6-7-5、图 6-7-6）进行抓捏、揉挤，力量主要在手指。交换对方与手臂进行反复体会练习。

图 6-7-1

图 6-7-2

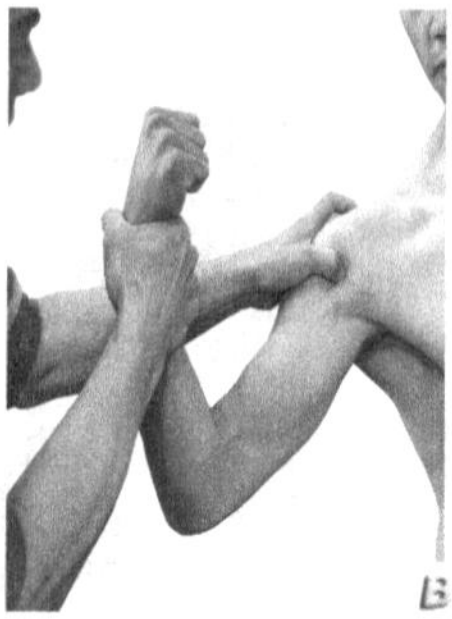

图 6-7-3

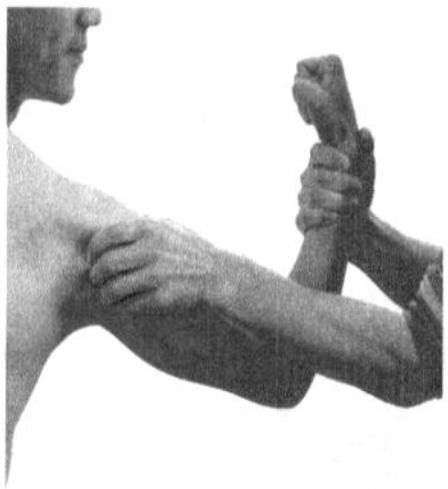

图 6-7-4

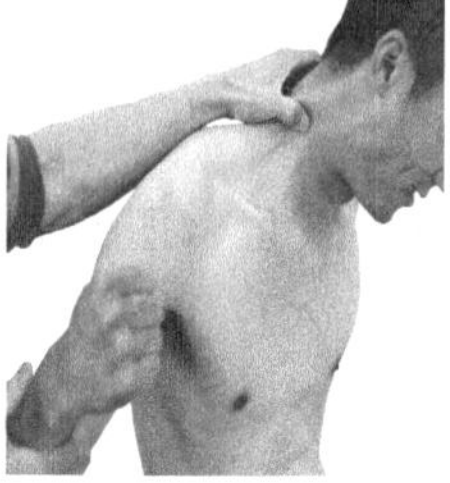

图 6-7-5

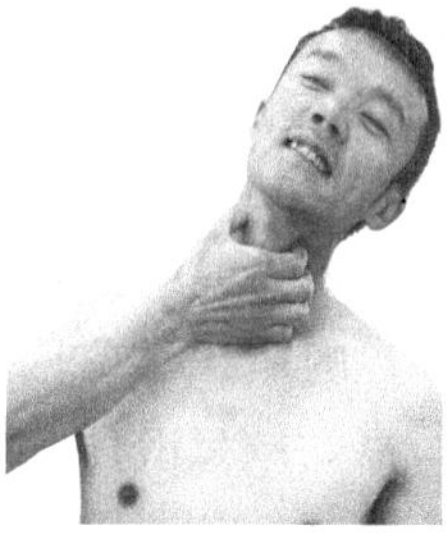

图 6-7-6

要求：在练习过程中，不仅限于上肢部位，对身体其他部位也可以进行抓拿，并掌握好力度避免受伤。

（二）反挫关节

动作要领：两人一组相对站立，先从反抓指关节（图 6-8-1），再折腕（图 6-8-2）、托（别）肘（图 6-8-3、图 6-8-4）与压肩（图 6-8-5）练习进行体会，并交换不同手臂，最后抱别踝关节（图 6-8-6）。在交换对方进行反复练习中，还要掌握人体关节的活动范围及受力程度。

图 6-8-1

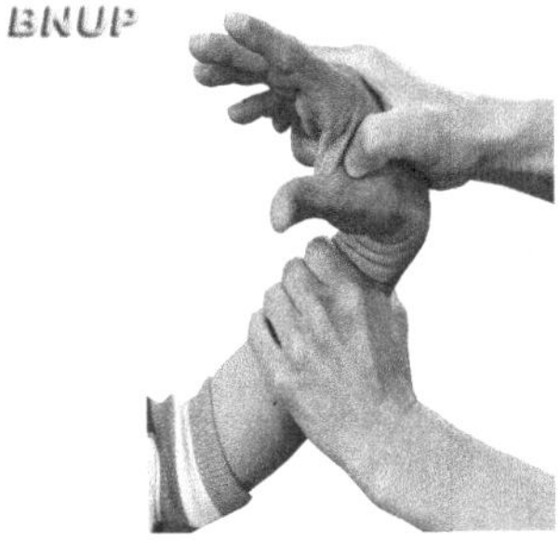

图 6-8-2

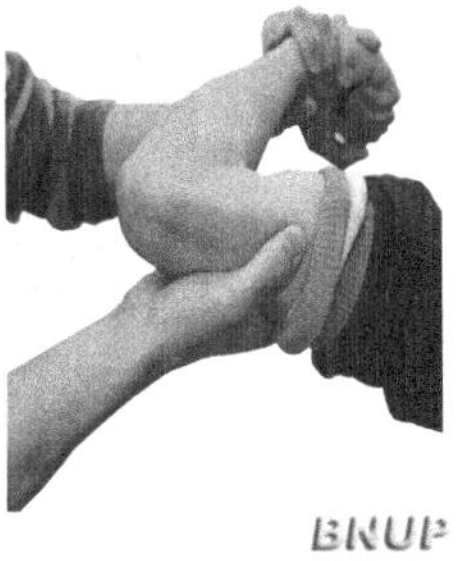

图 6-8-3

图 6-8-4

图 6-8-5

图 6-8-6

要求：在练习过程中，可对身体其他关节部位也可以进行反拿、别压等，并掌握好力度避免受伤。

（三）点穴闭经

动作要领：两人一组相对站立，先对头部重要穴位（图 6-9-1）、颈部穴位（图 6-9-2），胸部（图 6-9-3）和腹部（图 6-9-4）穴位，可分别用手指、肘部和膝部进行点、戳与击打。交换对方进行练习。

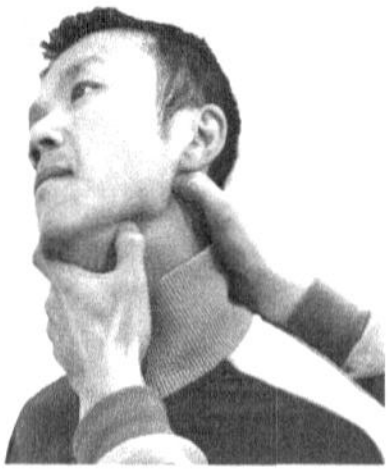

图 6-9-1

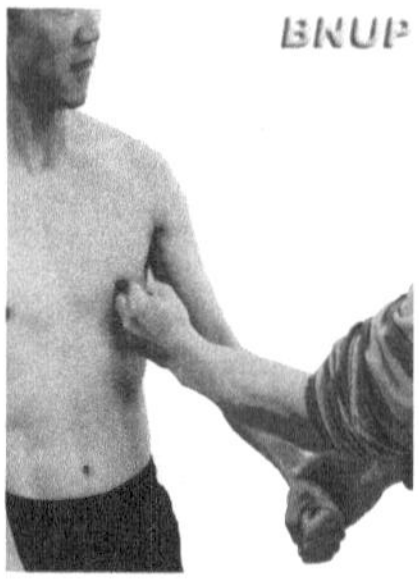

图 6-9-2

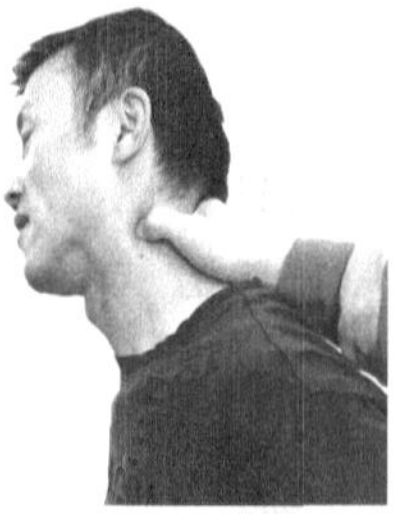

图 6-9-3

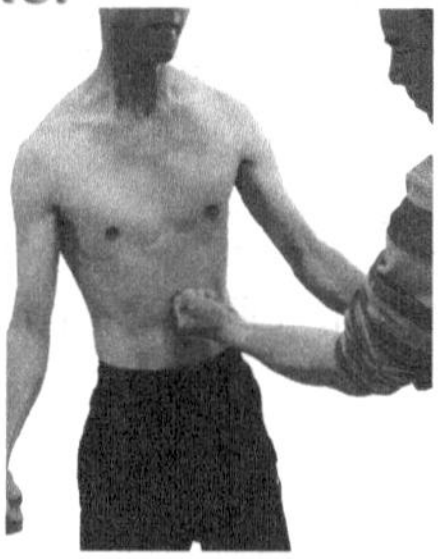

图 6-9-4

要求：在练习过程中，可对身体其他要害部位及明显穴位也可以进行点击，并掌握好力度避免受伤。

二、抗击打技法

在武术基本功法里特别讲究外练“筋骨皮”，当巩固好自身筋、骨、皮与内部系统（主要指五脏六腑）的抗击打承受能力是练好武术其他功法的基础。

（一）自我拍打

在自我拍打时，分左、右手交替对头部拍打（图 6-10-1）、胸部拍打（图 6-10-2），半握拳双手腹部拍打（图 6-10-3）与单手肋部拍打（图 6-10-4）与大腿内侧部位拍打（图 6-10-5）。

图 6-10-1

图 6-10-2

图 6-10-3

图 6-10-4

图 6-10-5

要求：拍打方法要由轻到重、由慢到快，循序渐进的动作要领进行练习，在呼吸方法上讲究鼻、口分开呼吸或不断交替进行。

（二）相互拍打

相互拍打主要借助对方拳、掌和脚法力量，有针对性、有重点地限制性打击对方肩部（图 6-11-1）及背部（图 6-11-2）。呼吸方式与上同。交换对方进行练习。

图 6-11-1

图 6-11-2

要求：严禁击打其头部、胸部、腹部、肋部与裆部等重要部位。

第五节　基本倒功与摔法

本节中的基本倒功、摔法与前面的擒拿技术可以合称为“摔擒技术”，三者虽然相辅相成但一般也可分开来练习，其都是武术运动内容里的范畴，它们讲究的是踢、打、摔、拿等技法，故有远踢、近打、贴身摔拿之说，可见倒功与摔法基础训练尤其重要。摔擒讲究的要点与步骤是“先打后摔再擒拿”，并在后节中有综合介绍。

一、基本倒功

在基本倒功中以个人练习为主，其他人员辅导保护进行练习。倒功练习除了灵活身法与增强抗击打能力以外，主要在实战中可以由被动变为主动，化解倒地时身体与地面的撞击力并有效达到保护自身安全。必要时可进行跃起腾空倒地练习。

（一）前、后滚翻

动作要领：

1. 在格斗势动作基础上，前滚翻时，身体迅速下蹲屈膝（图 6-12-1），同时上体前倾，双手原地撑地，借蹬地前倾惯性，勾头缩脖，按肩背、腰臀部顺序接触地面进行滚动（图 6-12-2），当双脚触及地面时（图 6-12-3），迅速自然起身站立恢复成格斗势。

图 6-12-1

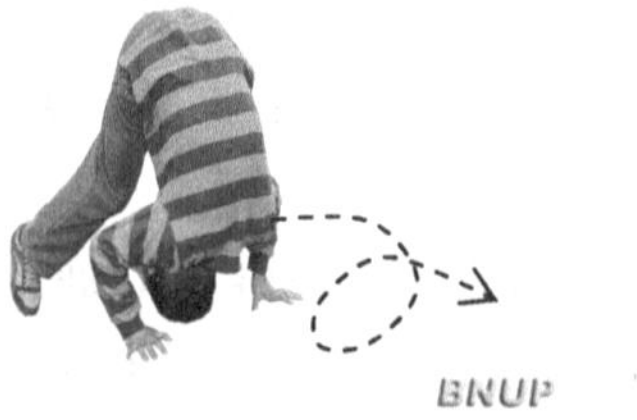

图 6-12-2

图 6-12-3

2. 在格斗势动作基础上，后滚翻时，身体屈膝下蹲，上体后倾（图 6-12-4），倒地时双手上举置于头顶，借蹬地后倾惯性，双手护头时缩脖，按腰臀、肩背部顺序接触地面进行滚动（图 6-12-5），当双脚触及地面时，迅速自然起身站立恢复成格斗势（图 6-12-6）。

图 6-12-4

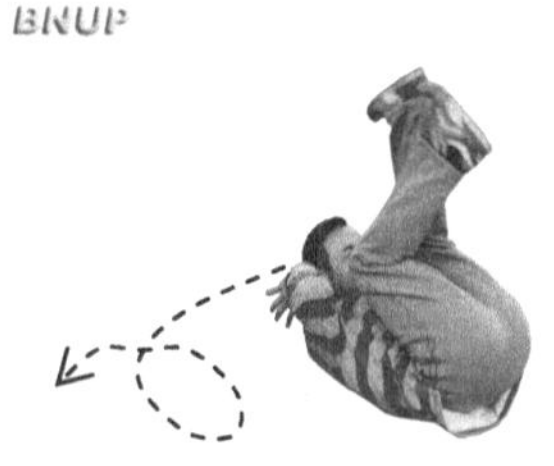

图 6-12-5

图 6-12-6

注意事项：滚动时身体要蜷缩；头部借双手支撑之力，要巧妙化解着地冲击力，并做到保护避免头部受伤。

（二）前倒

动作要领：在左（右）弓步动作基础上（图 6-13-1），前倒时，左（右）脚向右（左）脚撤步靠拢（图 6-13-2），上体向前下自然前倒（图 6-13-3），倒地时缩脖抬头、挺腰、夹紧双腿，双手掌迅速主动拍打地面，按手掌、手臂依次接触地面化解冲击力度（图 6-13-4）；起立时，双手在身体两侧撑地，同时先上右脚再上左脚，成格斗势站立。必要时，在立身并腿站立基础上进行前倒。

图 6-13-1　图 6-13-2　图 6-13-3　图 6-13-4

注意事项：夹腿挺腰避免裆部着地；缩脖抬头避免下腭撞击地面。

（三）后倒

动作要领：在马步桩基础上（图 6-14-1），屈膝下蹲，同时上体主动向后下倾倒（图 6-14-2），后倒时缩脖勾头，双手上扬，起左（右）脚上抬，另一只脚支撑上垫（图 6-14-3），着地时用背部着地并收腹挺腰，双手向后下主动拍地，手掌要主动拍打地面，按手掌、手臂依次接触地面化解冲击力度（图 6-14-4）；体会练习时还可降低马步高度；倒地后起立时，身体向一侧翻身，再双手撑地如前起身站立成格斗势。

图 6-14-1　图 6-14-2　图 6-14-3　图 6-14-4

注意事项：缩脖勾头避免后脑着地；垫脚挺腰避免腰部撞击地面。

（四）侧倒

动作要领：在马步桩基础上（图 6-15-1），微屈膝下蹲，同时上体先向右转体转髋，以增加倒地前的幅度与惯性（图 6-15-2），手臂随即上扬划弧转动，再向左侧转体，同时起右脚，向左、后下倾倒（图 6-15-3），倒地时，左脚小腿外侧、左手掌与小臂、右手掌及右脚掌可同时接触地面，主动化解与地面的冲击力度（图 6-15-4）；体会练习时还可降低马步高度；倒地后起立时，身体成并腿俯卧式撑地，如前，起身站立成格斗势。

图 6-15-1

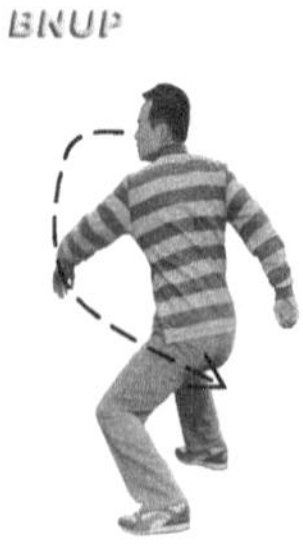

图 6-15-2

图 6-15-3

图 6-15-4

注意事项：着力点要均匀，避免肘部关节与腰部受伤。

二、基本摔法

在基本摔法中以两人对练为主进行体会练习，其他人员进行协助辅导，进行保护。

（一）抱臂摔

动作要领：两人相对 1～2 步，在实战格斗势的基础上（图 6-16-1），当对方上步右（左）手摆拳（直拳）攻击我头部时，我进步左（右）手挡抓其小臂（图 6-16-2），同时，右（左）脚迅速左前交叉上步，右（左）手抱抓住对方大臂（图 6-16-3），迅速下蹲破坏其重心（图 6-16-4），再利用转身蹬腿、顶臂及双手协力将其经后肩（图 6-16-5）到头部摔倒于前地面，对方以侧倒动作要领着地（图 6-16-6）。两人在交换对手的情况下还可交替进行抱臂摔练。

图 6-16-1

图 6-16-2

图 6-16-3

图 6-16-4

图 6-16-5

图 6-16-6

要求：扣腕、抓臂要狠，上步抱臂时要迅速。

（二）夹脖摔

动作要领：两人相对 1～2 步，在实战格斗势的基础上（图 6-17-1），我方主动交叉上步于对方身体右（左）侧，同时左（右）手抢抓对方右（左）手腕，右（左）手利用上步之际，从对方后颈部穿插夹脖（图 6-17-2），利用髋部顶摔与双手协力将其夹起（图 6-17-3）摔倒（图 6-17-4）。两人在交换对手的情况下还可交替进行夹颈摔练。

图 6-17-1

图 6-17-2

图 6-17-3

图 6-17-4

要求：上步要迅速，夹脖要紧防止脱逃。

（三）抱腿摔

动作要领：

1. 两人相对1～2步，在实战格斗势的基础上，当对方主动起右（左）横踢攻击我上体时（图6-18-1），我看准时机迅速上步（图6-18-2），一边上步防守（图6-18-3）一边接腿（图6-18-4），在抱紧对方腿部时再进步绊摔（图6-18-5）将其由我身体右前侧（图6-18-6），即悬空（图6-18-7）摔倒于地（图6-18-8）。

图 6-18-1

图 6-18-2

图 6-18-3

图 6-18-4

图 6-18-5

图 6-18-6

2. 必要时，接腿抱住后，再变换进步（见图6-18-7），同时用肩臂顶靠与双手协力将对方撞倒即可（见图6-18-8）。

图 6-18-7

图 6-18-8

3. 必要时，在进攻时，向上佯攻后，迅速下潜双手抱住对方双腿上提

（图 6-18-9），并利用肩顶、抱摔合力将其摔倒（图 6-18-10），必要时，顺势跪其裆。两人在交换对手的情况下还可左、右手交替进行抱腿摔练。

图 6-18-9

图 6-18-10

要求：对方后倒时严禁后脑着地，要利用后背和双手拍地的支撑之力化解与地面的撞击力；撞击或跪裆时仅作表示。

（四）过肩摔

动作要领：两人相对 1～2 步，在实战格斗势的基础上，当对方进步直拳（摆拳）击打我头部时，我屈膝、弯腰迅速下潜（图 6-19-1），同时上右（左）脚，双手将对方双腿缠绕抱住（图 6-19-2），利用蹬腿起身与抱腿、肩顶之协力，将对方由我右（左）肩上（图 6-19-3）向后摔过，致其倒地（图 6-19-4）。两人在交换对手的情况下还可交替进行过肩摔练。

图 6-19-1

图 6-19-2

图 6-19-3

图 6-19-4

要求：下潜要快，抱腿时贴身肩靠要紧；倒地时注意按前滚翻动作要领。

第六节　防身自卫基本擒拿技法

在武术防身自卫基本擒拿技法中均以两人对练为主进行练习，必要时，可两人以上组合进行练习。在各种复杂情况下及不断变化着的擒拿技术中。在本节中有侧重、代表性的形成系统技法进行以下介绍。为了达到灵活手脚及熟能生巧之功效，可左、右手交替进行练习，并要遵循“一招多用”与“一法多变”的特点。有条件的可在沙地或垫子上进行训练。

一、主动擒拿

主动擒拿技法是指由前或由后，抓住对方破绽实施主动进攻，并将其制服擒拿的技法。其动作准则主要采用先入为主、先发先制、先下手为强及出其不意与攻其不备的技法，并做到随机变劲，以巧致强的技击要求。

（一）由前主动擒拿

动作要领：在双方相对距离1～2步，并腿站立基础上（图6-20-1），我方左（右）脚主动进步（图6-20-2）、右（左）脚再上步，主动绊其右（左）侧后腿部，同时左（右）手抓住对方右（左）手腕，右（左）手成八字掌掐其颈脖（图6-20-3），借绊腿、掐脖之合力将其向我左（右）侧前方摔倒（图6-20-4），再跟进掐脖不放，左（右）手继续控住对方右（左）手臂，右（左）膝顺势跪压在对方胸、肋部将其控制（见图6-20-5）。相互交换配手进行练习。

图 6-20-1

图 6-20-2

图 6-20-3

图 6-20-4

图 6-20-5

注意事项：在练习过程中，掐脖仅作表示；摔倒时注意保护头部与肘关节，不要轻易撞击地面以免受伤。

（二）由后主动擒拿

动作要领：在双方前后相距 1～2 步，并腿站立基础上（图 6-21-1），我方左（右）脚先上步，右脚再主动上步时踩击对方膝窝处，同时右（左）手变掌由对方颈部右（左）后侧穿过扼脖（图 6-21-2），借踹腿与双手扼脖之合力迫使对方双膝跪地，最后右（左）脚踩其左（右）脚膝窝，膝顶其背项，控制在地进行制服（图 6-21-3）。相互交换配手进行练习。

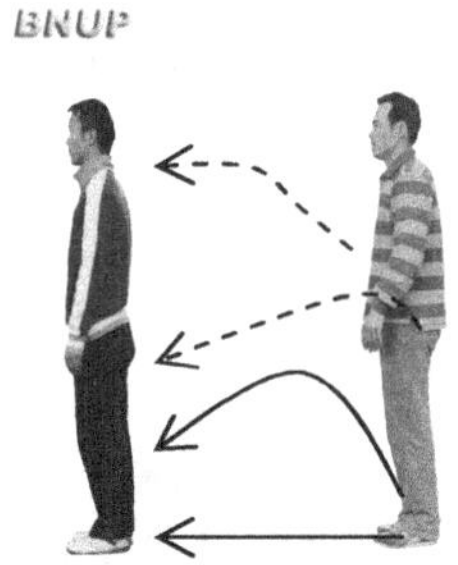

图 6-21-1

图 6-21-2

图 6-21-3

注意事项：扼脖、踹腿仅作表示；绕脖要掌握好力度。

二、防守擒拿

防守擒拿技法是指当对方由上或由下主动进攻我时，我在以静制动防守中，诱惑或主动抓住对方破绽，并进行反击，同时将对方制服擒拿。其动作准则主要是有效注视对方的强硬攻击，做到以柔克刚或以刚制柔的擒拿效果，最终将对手制服。主要讲究见机行事、后发先制、防中带打，以巧制胜或以强攻强的准则；防守时机要恰当，身体移位要及时、灵活，以能避开对方攻击锋芒，又能迅速抑制对方手脚的情况下进行反击。有效防守虽然是战胜对手的有效途径，但一味防守又会带来致命打击，只有防中带打、攻防结合才是最好的防守擒拿要诀。

（一）防拳法擒拿

在防拳法擒拿中，有防直拳、摆拳、勾拳等各种技法，根据实际情况，在此特以左、右直拳防守擒拿动作进行介绍。

动作要领：

1. 双方相对相距 1～2 步，在实战正格斗势的基础上（图 6-22-1），对方主动上步用左直拳向我头部击打时，我见势进步，上体略向右侧闪身，右手防守对方的左直拳（图 6-22-2），左手随进步之势顺势搂肩或卡喉（图 6-22-3），再借绊腿之际与双手合力将对方由我体前右侧（图 6-22-4）扳倒于地，左膝抵住对方大腿或臀部处与双手形成夹角，别其肩关节实施制服（图 6-22-5）。

图 6-22-1

图 6-22-2

图 6-22-3

图 6-22-4

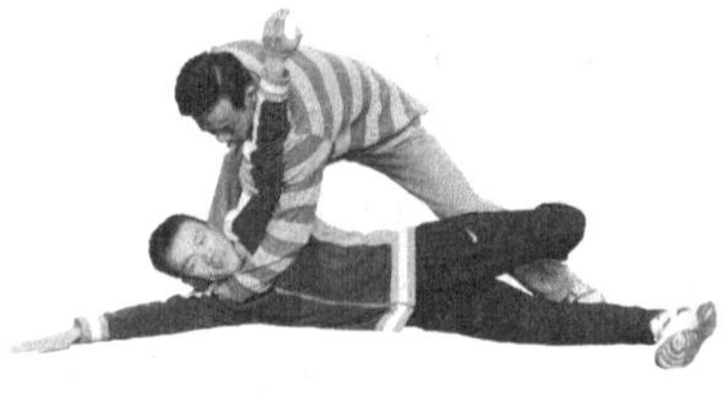

图 6-22-5

2. 当对方以右手直拳击打我面部时（图 6-22-6），我左脚略向左移同时向左侧闪身，左手与右手形成夹角控制对方手臂（图 6-22-7），再向右后转身压臂制服（图 6-22-8 及图 6-22-9）。相互交换配手进行练习。

图 6-22-6

图 6-22-7

图 6-22-8

图 6-22-9

注意事项：搂肩卡喉时仅作表示；摔倒之际微带用力拉住对方手臂以防重摔致伤。

（二）防腿法擒拿

在防腿法擒拿中，有防前蹬、弹踢、横踢等各种技法，在此以日常防前蹬腿法之擒拿动作进行介绍。

动作要领：双方相对相距 1～2 步，在实战正格斗势的基础上（图 6-23-1），当对方起右（左）前蹬攻击我上体时，我左（右）前进步，同时双手成抄抱破其前蹬之力（图 6-23-2），紧接着起左（右）腿绊其支撑的左（右）腿（图 6-23-3），上下协力将对方向我身体右（左）前侧摔倒，同时左（右）膝跪住对方右（左）腿膝窝时，双手由抱腿处滑到对方脚踝处旋转拧其关节制服（图 6-23-4）。相互交换配手进行练习。

图 6-23-1

图 6-23-2

图 6-23-3

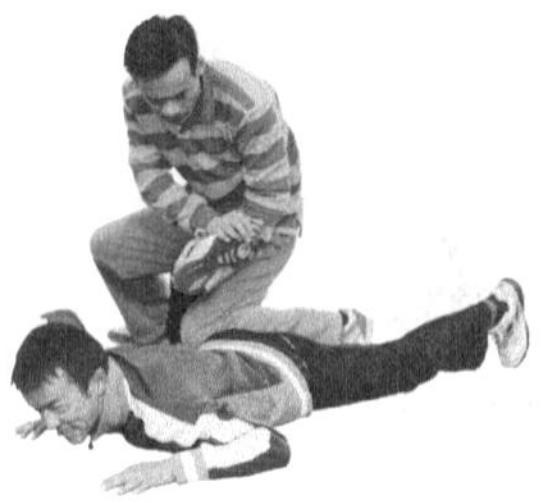

图 6-23-4

注意事项：拧脚踝时仅作表示，宜防折断受伤；倒地时按前倒动作要领。

三、解脱擒拿

解脱擒拿技法是指当对方趁我不备，突然对我前方头部、胸部、手部或后背腰部等肢体实施控制时，我迅速破其控制手法，随即反击时，将对方擒拿制服的技法。其动作准则主要采用反擒拿技法，使自己解脱的同时制服对手。特别是弱势者，在使用其方法时，不要轻举妄动，没有十足的把握，不要轻易反抗，以免带来更被动的伤害。应遵循：反制求生时，时机要准确、一击能制服的要领；或佯装屈服、见机行事、伺机逃离及默记标记等行为准则。

（一）头发被抓解脱擒拿

动作要领：

1. 当对方右（左）脚上步，右（左）手猛抓我头发时（图 6-24-1），我急忙缩头、收身微下蹲，同时双手按住对方右（左）手掌，双手拇指分别反扣其双手拇指（图 6-24-2），利用我双手与头部的合力将对方手腕往下压，使其脱手（图 6-24-3），上动不停，并控制于我左（右）大腿处进行擒拿制服（图 6-24-4）。

图 6-24-1

图 6-24-2

图 6-24-3

图 6-24-4

2. 当对方抓我头发时，我缩头、收身扣住其手腕时，右（左）脚撤步转身（图 6-24-5），同时用左（右）肘部位抵压其手臂（图 6-24-6），转身不停，利用协力使其脱手，并将其控制于我大腿处进行擒拿制服（图 6-24-7）。

图 6-24-5

图 6-24-6

图 6-24-7

3. 当对方右（左）手由后抓住我头发时，我迅速抬手反扣其腕（图 6-24-8），并向左（右）转身（图 6-24-9），同时左（右）脚撤步于对方右（左）侧前（图 6-24-10），上动不停，我双手翻腕由下往上提拉其手臂，同时折腕下压将其制服（图 6-24-11）。相互交换配手进行练习。

图 6-24-8

图 6-24-9

图 6-24-10

图 6-24-11

注意事项：折腕要定点用力仅作表示，以防腕关节骨折受伤。

（二）衣领被抓解脱擒拿

动作要领：当对方右（左）脚上步，右（左）手由前抓住我前衣领时，我假装示弱或微笑麻痹对方，同时双手自然抓住对方手腕（图 6-25-1），右（左）脚向右（左）后撤步，再利用胸部与双手的合力，突然发力向右（左）下拧转，双手折腕（图 6-25-2），上动不停，左（右）肘向下压住对方右（左）臂，将其右（左）侧前肩部抵于我左（右）大腿处制服（图 6-25-3）。相互交换配手进行练习。

图 6-25-1

图 6-25-2

图 6-25-3

注意事项：双手拧腕要有定点，用力时仅作表示，以防将对方腕部致伤。

（三）腰部被抱解脱擒拿

动作要领：

1. 腰部与双手臂由前被抱时（图 6-26-1），我迅速分腿屈膝下蹲，两臂外撑（图 6-26-2），并顺势抱住对方腰部向右（左）侧扳转（图 6-26-3），将对方抵压在地进行制服（图 6-26-4）。

图 6-26-1

图 6-26-2

图 6-26-3

图 6-26-4

2. 腰部由后被抱时（图 6-26-5），我迅速分腿、屈膝下蹲（图 6-26-6），顶臀弯腰，双手由胯下抓住对方前伸的右（左）腿（图 6-26-7），再利用蹬腿起身向上、向后下与抱腿之协力，将对方坐压在地进行制服（图 6-26-8）。交换配手进行练习。

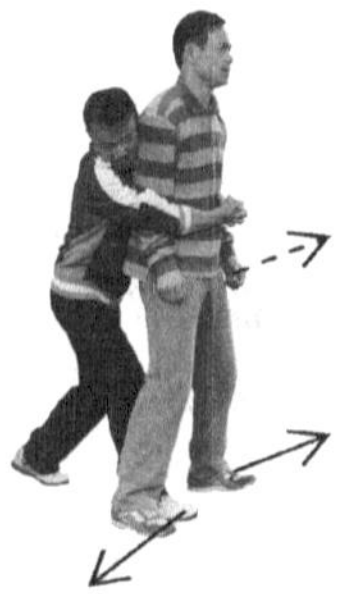

图 6-26-5

图 6-26-6

图 6-26-7

图 6-26-8

注意事项：往后下坐时，要控制好重心，以免造成对手膝关节受伤。

（四）腿部被抱解脱擒拿

动作要领：当我起腿前蹬右（左）腿时（图 6-27-1），被对方抱住后（图 6-27-2），在伸缩腿部过程中，迅速用双手将对方头部抱住，同时拧转对方头部并将其扼制在我左（右）胸前制服（图 6-27-3）。交换配手进行练习。

图 6-27-1

图 6-27-2

图 6-27-3

注意事项：拧脖仅作表示，以防将对方致伤。

四、防凶器擒拿

防凶器擒拿中的凶器是相对的，是可以随彼此双方情形改变而改变的，也就是说当对方实施攻击的凶器被我方所用时，只要符合法律规定的防卫要求，就可以成为自卫武器。有针对性地从对凶器擒拿普遍角度分析其技法，本节特列举了夺匕首擒拿与夺木棍擒拿两种技法来进行讲解示教。

（一）防木棍擒拿

对付持木棍时，不能随便低头避让或一味退避；在避开木棍前端和中断打击力度时，要抓住时机敢于近身控制对方。

动作要领：两人相对 2～3 步，在实战格斗势的基础上，当对方右（左）手正握木棍由右（左）上向左（右）下斜劈我头部时（图 6-28-1），在其扬臂留有破绽之机，我方利用灵活的步法迅速上步接近对手的同时，双手接抓对方持木棍的小臂或手腕（图 6-28-2），左（右）脚垫步，在右（左）手换把掐抓对方颈脖时，起右脚绊其右（左）腿（图 6-28-3），再利用双手和右（左）脚绊腿之协力，经我体侧向前下方摔倒（图 6-28-4），右（左）膝迅速跪在对手的肋部，左（右）手折腕夺其木棍、右（左）手掐喉将其制服于地（图 6-28-5）。交换配手进行练习。

图 6-28-1

图 6-28-2

图 6-28-3

图 6-28-4

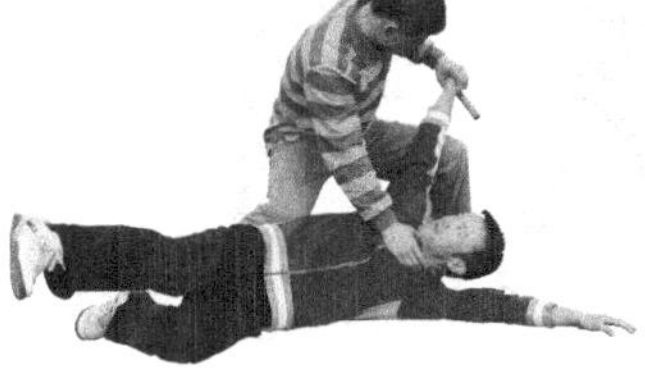

图 6-28-5

注意事项：练习时木棍劈头要掌握力度；掐喉仅作表示。

（二）防匕首擒拿

在实际运用及训练中，当对方正握匕首锋刃朝上时，严禁由手臂上部破抓，以防上挑伤腕；当对方反握匕首锋刃朝下时，严禁由手臂下部破抓，以防下割伤腕。

动作要领：

1. 两人相对 2～3 步，在实战格斗势的基础上，当对方右（左）手正握持匕首锋刃朝上直接刺向我腹部时，我向左（右）迅速侧闪，躲避其匕首锋芒（图 6-29-1），同时双手顺势上下抱抓对方持匕首的小臂和手腕形成对握拧腕牵拉式，借转身之旋转惯性起左（右）脚（图 6-29-2）绊其右（左）腿将其摔倒于地（图 6-29-3），同时，身体左（右）侧压制对方，左（右）手抱住对方右（左）臂，形成压肩、控臂，与右（左）手折腕形成合力，夺其匕首将其制服（图 6-29-4、图 6-29-5）。

图 6-29-1

图 6-29-2

图 6-29-3

图 6-29-4

图 6-29-5

2. 当对方由后左（右）手抓肩，右（左）手持匕首抵住我右（左）侧腰部时，我假装示弱做出抬手反抗准备（图 6-29-6），左（右）脚撤步、转身（图 6-29-7），双手顺势格挡对方双手（图 6-29-8），同时携臂擒住对方右（左）臂（图 6-29-9），同时起右（左）腿膝击对方面部或胸部（图 6-29-10），落脚同时起左（右）脚绊摔对方于地，右（左）膝借势跪压对方后颈部形成别肩、臂夺匕首制服对方（图 6-29-11）。交换配手进行练习。

图 6-29-6

图 6-29-7

图 6-29-8

图 6-29-9

图 6-29-10

图 6-29-11

注意事项：为了避免出现意外，有条件的可配备塑料匕首用具或其他替代品；在压肩、折腕时仅作表示。

>>> 练习与思考

1. 人体要害、关节及重要穴位主要有哪些？
2. 在防身自卫中要注意哪些法律问题？
3. 在防身自卫技法中有哪几项基本擒拿技法？

第七章　武术竞赛的组织与裁判

内容提要

本章重点阐述了目前最新的武术套路的竞赛规则和裁判法，并简要叙述了基层武术比赛的组织、编排与裁判等方面的知识。

第一节　武术竞赛的组织机构

一、竞赛委员会

根据不同的比赛规模，可设立竞赛委员会、竞赛部或竞赛组。由负责竞赛业务的行政人员若干人组成。在大会组委会统一领导下，负责整个大会的竞赛组织工作。

二、竞赛监督委员会

（一）由主任、副主任、委员3人或5人组成

（二）职责

1. 竞赛监督委员会为竞赛的监督机构。
2. 监督、检查仲裁委员会的工作。
3. 监督、检查裁判人员的工作。
4. 监督、检查参赛运动队的比赛行为。
5. 有权对违纪的仲裁人员、裁判人员和运动队的相关人员做出处罚。

竞赛监督委员会不直接参与仲裁委员会和裁判人员职责范围内的工作，不干涉仲裁委员会、裁判人员正确履行自己的职责，不介入裁决结果的纠纷，不改变裁判人员、仲裁委员会的裁决结果。

三、仲裁委员会

（一）由主任、副主任、委员3人或5人组成

（二）职责

1. 接受运动队的申诉，并及时做出裁决，但不改变裁判结果。
2. 仲裁委员会会议出席人员必须超过半数，表决时超过半数以上做出决

定方为有效。表决投票相等时，仲裁委员会主任有决定权。仲裁委员会成员不参加与本人所在单位有牵连问题的讨论与表决。

3. 仲裁委员会的裁决为最终裁决。

四、裁判人员的组成

（一）执行裁判人员的组成

1. 总裁判长 1 人、副总裁判长 1～2 人。

2. 裁判组设裁判长 1 人、副裁判长 2 人；A 组评分裁判员 2～3 人；B 组评分裁判员 3 人；C 组评分裁判员 2～3 人。

3. 编排记录长 1 人。

4. 检录长 1 人。

（二）工作人员的组成

1. 编排记录员 3～5 人

2. 检录员 3～6 人

3. 宣告员 1～2 人

4. 放音员 1～2 人

5. 摄像员 2～4 人

五、裁判人员的职责

（一）总裁判长

1. 组织领导各裁判组的工作，保证竞赛规则的执行，检查落实赛前各项准备工作。

2. 解释规则，但无权修改规则。

3. 在比赛过程中，根据比赛需要可调动裁判人员工作，裁判人员发生严重错误时，有权处理。

4. 审核并宣布成绩，做好裁判工作总结。

（二）副总裁判长

1. 协助总裁判长的工作。

2. 在总裁判长缺席时，代行其职责。

（三）裁判长的职责

1. 组织本裁判组的业务学习和实施裁判工作

2. 参与 B 组裁判的评分，并负责运动员比赛套路创新难度的加分。

3. 比赛中对套路时间不足或超出规定的扣分。

4. 裁判员发生严重的评判错误时，可向总裁判长建议给予相应的处理。

（四）副裁判长的职责

1. 协助裁判长进行工作。

2. 第一副裁判长参与A组裁判的评分。

3. 第二副裁判长参与C组裁判的评分。

（五）裁判员的职责

1. 服从裁判长的领导，参加裁判学习，做好准备工作。

2. 认真执行规则，独立进行评分，并作详细记录。

3. A组裁判员负责运动员整套动作质量的评分。

4. B组裁判员负责运动员整套演练水平的评分。

5. C组裁判员负责运动员整套难度的评分。

第二节　武术竞赛规则及评分方法与标准

一、竞赛规则简介

（一）裁判员的组成及裁判员临场的位置

1. 裁判人员的组成：

设总裁判长1人、副总裁判长1～2人；裁判组设裁判长1人、副裁判长2人，A组评分裁判员2～3人、B组评分裁判员3人、C组评分裁判员2～3人；编排记录长1人；检录长1人。

2. 裁判员临场的位置示意图如图7-2-1所示。

说明：

裁判在主席台对面，分两排，后排座位高出前排40厘米，裁判员之间要有50公分的间距。

1、4、7为A组裁判员席。

3、6、9为B组裁判员席。

2、5、8为C组裁判员席。

（二）竞赛通则

1. 竞赛性质

（1）按竞赛类型分为：个人赛、团体赛、个人及团体赛。

（2）年龄可分为：成年赛、青少年赛、儿童赛。

2. 竞赛项目

（1）拳术：长拳、南拳、太极拳。

（2）器械：剑、刀、枪、棍。

（3）传统拳术：除规则规定的自选拳术内容以外的拳术。

第一类：形意拳、八卦掌、八极拳；

第二类：通臂拳、劈挂拳、翻子拳；

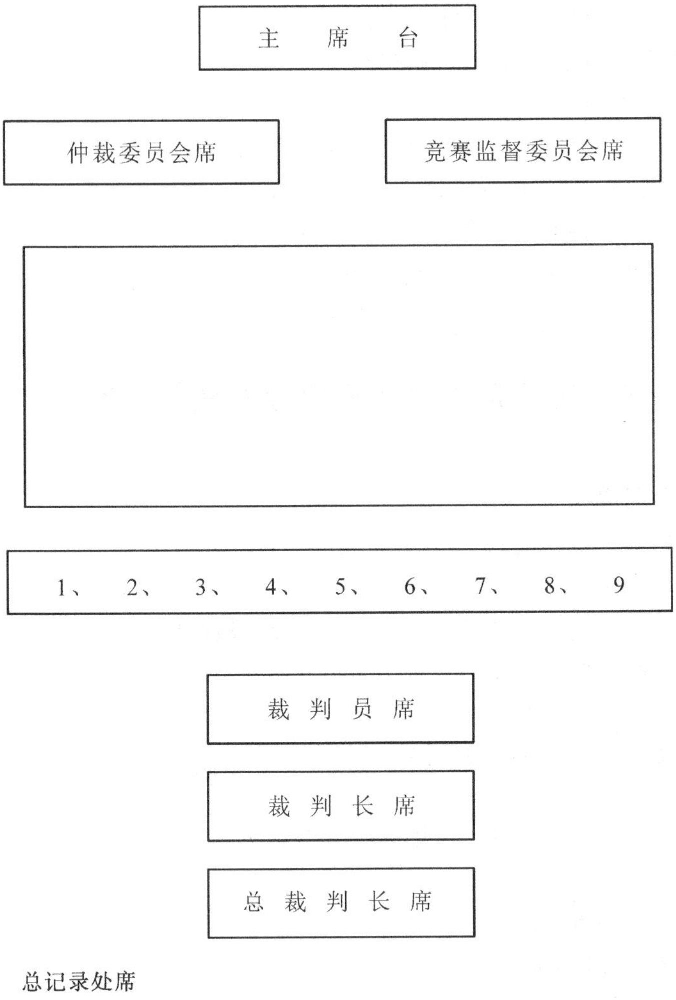

图 7-2-1

第三类：地躺拳、象形拳等；

第四类：查拳、花拳、炮拳、红拳、华拳、少林拳等。

(4) 传统器械：除规则规定的自选器械内容以外的器械项目。

第一类：单器械；

第二类：双器械；

第三类：软器械。

(5) 对练项目：徒手对练、器械对练、徒手与器械对练。

(6) 集体项目。

3. 竞赛年龄分组

(1) 成年组：18 周岁（含 18 周岁）以上；

（2）青少年组：12 周岁至 18 周岁以下；

（3）儿童组：不满 12 周岁。

4. 名次的评定

（1）个人单项（含对练）名次：按比赛的成绩高低排列名次。得分最高者为该单项的第一名，次高者为第二名，以此类推。

（2）个人全能名次：按各单项得分总和的多少进行评定，得分最多者为全能第一名，次多者为第二名，以此类推。

（3）集体项目名次：得分最多者为该项的第一名，次多者为第二名，以此类推。

（4）团体名次：根据竞赛规程关于团体名次的确定办法进行评定。

（5）得分相等的处理：

① 个人项目（含对练）得分相等的处理

a. 以难度分高者列前。

b. 以完成高等级难度数量多者列前。

c. 如仍相等，以演练水平分高者列前。

d. 如仍相等，以演练水平扣分少者列前。

e. 如仍相等，以动作质量扣分少者列前。

f. 如仍相等，名次并列。

g. 如有预赛、决赛成绩相等时，以预赛成绩高者列前。若再相等，则以决赛成绩按上述几条区分名次。

② 个人全能得分相等时，以比赛中获得单项第一名多者列前；如仍相等，则以获得第二名多者列前，以次类推；如获得所有名次均相等，则并列。

③ 集体项目得分相等时，按个人项目第 c、d、e、f 条办法确定名次。

④ 团体总分相等时，以全队获得单项第一名多者列前；如仍相等，则以获得第二名多者列前，依次类推；如获得单项名次均相等，则并列。

5. 竞赛有关规定

（1）套路完成时间：长拳、南拳、刀术、剑术、棍术、枪术、南刀、南棍套路：成年组不得少于 1 分 20 秒，青少年组（含儿童组）不得少于 1 分 10 秒；对练不得少于 50 秒；集体项目为 3～4 分钟；传统项目，单练不得少于 1 分钟。

（2）比赛音乐：规程规定的配乐项目必须在音乐（不带歌词）伴奏下进行，音乐可以根据套路的编排自行选择。

（3）比赛服装：裁判员应穿统一的服装，佩戴裁判等级标志；运动员应穿武术比赛服装。

(4) 比赛场地：

——个人项目和对练的场地为长 14 米，宽 8 米，其周围至少有 2 米宽的安全区。

——集体项目的场地为长 16 米，宽 14 米，其周围至少有 1 米宽的安全区。

——场地四周内沿，应标明 5 厘米宽的白色边线。

——场地的空间高度不少于 8 米。

——两个比赛场地之间的距离为 6 米以上。

——根据实际情况比赛场地应高出地面 50～60 厘米。

(5) 比赛器械：必须使用国家体育总局武术运动管理中心指定的器械。

二、评分方法与标准

(一) 自选项目的评分方法与标准

1. 评分方法

(1) 由评判动作质量（A 组）的裁判员 3～4 名（含第一副裁判长）、评判演练水平（B 组）的裁判 4 名（含裁判长）、评判难度（C 组）的裁判 3～4 名（含第二副裁判长）组成。

(2) 各项比赛的满分为 10 分。其中动作质量的分值为 5 分；演练水平的分值为 3 分；难度的分值为 2 分。

(3) A 组裁判员根据运动员现场完成动作的质量，用动作质量的分值减去各种动作规则错误和其他错误的扣分，即为运动员的动作质量分。

(4) B 组中由 2 名裁判按照套路动作的劲力、节奏及音乐的要求整体评判后确定的等级平均分数减去另外 2 名裁判员对套路编排错误的扣分，即为运动员的演练水平分。

(5) C 组裁判员根据运动员现场整套难度完成的情况，按照各项目动作难度和连接难度的加分标准，确定运动员现场完成动作难度、连接难度的累计分，即为运动员的难度分。

2. 评分标准

(1) 动作质量的评分标准

运动员现场完成套路动作的规格与要求不符，每出现 1 次扣 0.1 分；其他错误每出现一次扣 0.1～0.3 分。

(2) 演练水平的评分标准

① 劲力、节奏、音乐的评分标准

分为 3 挡 9 个分数段，其中：很好为 3.0～2.7；一般为 2.6～2.3；较差为 2.1～1.8 分。

——凡劲力充足，用力顺达，力点准确，节奏分明，动作与音乐和谐一致者为“很好”。

——凡劲力较充足，用力较顺达，力点较准确，节奏较分明，动作与音乐较和谐一致者为“一般”。

——凡劲力不充足，用力不顺达，力点不准确，节奏不分明，动作与音乐不和谐一致者为“较差”。

② 编排的评分标准

运动员现场完成套路时，规程规定的必选动作每缺少一个扣 0.2 分；套路的结构、布局与要求不符，每出现一次扣 0.1 分。

（3）难度的评分标准

① 动作难度（1.4 分）

根据各项目“动作难度等级内容及分值确定表”，每完成一个 A 级动作可获得 0.2 的加分，每完成一个 B 级动作可获得 0.3 的加分，每完成一个 C 级动作可获得 0.4 的加分。每种动作难度的加分只计算一次；动作难度加分的累计中，如超过 1.4 分，则按 1.4 分计算。

运动员现场所做的动作难度不符合规定要求，则不计算动作难度加分。

② 连接难度（0.6 分）

根据各项目“连接难度等级内容及分值确定表”，每完成一个 A 级连接可获得 0.05 的加分，每完成一个 B 级连接可获得 0.1 的加分，每完成一个 C 级连接可获得 0.15 的加分，每完成一个 D 级连接可获得 0.2 的加分。每种连接难度的加分只能计算一次，连接难度加分的累计中，如超出 0.6 分，则按 0.6 分计算。

运动员现场完成的连接难度不符合规定要求，则不计算连接难度加分。

③ 创新难度加分

现场成功完成被确认的创新难度，则由裁判长按加分标准给予加分。

其标准为：完成一个创新的 B 级动作难度（含连接难度）加 0.2 分；完成一个创新的 C 级动作难度（含连接难度）加 0.3 分；完成一个创新的超 C 级动作难度加 0.4 分。

由于失败或与鉴定确认动作难度不符，不予加分。

（二）对练、传统拳术、传统器械、集体项目、无难度组别要求的竞赛项目评分方法与标准

1. 评分方法

（1）评分裁判员由评判动作质量分的裁判 3～4 名（A 组）、评判演练水平的裁判 3～4 名（B 组）组成。

（2）各项比赛的满分为10分。其中动作质量的分值为5分；演练水平的分值为5分。

（3）A组裁判员根据运动员现场完成动作的质量，按照各项目动作规格及其他错误内容扣分标准的要求，用动作质量的分值减去各种动作错误及其他错误的扣分，即为运动员的动作质量分。

（4）B组裁判员根据运动员整套的现场演练，按照劲力、节奏、编排以及音乐的要求整体评判后确定示出的分数，即为运动员的演练水平分。

2. 评分标准

（1）动作质量的评分标准

运动员现场完成套路时，动作规格与要求不符，每出现一次扣0.1分；其他错误每出现一次扣0.1～0.3分。

（2）演练水平的评分标准

分为3挡9个分数段，其中：很好为5.00～4.10分；一般为4.00～3.10分；较差为3.00～2.10分。

——凡劲力充足，节奏分明，编排合理，风格突出，动作与音乐和谐一致者为“很好”。

——凡劲力较充足，节奏较分明，编排较合理，风格较突出，动作与音乐较和谐一致者为“一般”。

——凡劲力不充足，节奏不分明，编排不合理，风格不突出，动作与音乐不和谐一致者为“较差”。

三、应得分数的确定

（一）自选项目

应得分数：动作质量的应得分、演练水平应得分和难度应得分之和即为运动员的应得分数。

1. 动作质量应得分的确定

A组2名裁判员，1名副裁判长评分时，2名以上对运动员同一个动作错误和其他错误扣分的累计之和即为动作质量的应扣分，用动作质量分值减去应扣分，即为运动员动作质量的应得分。

A组3名裁判员，1名副裁判长评分时，2名裁判员对运动员同一个动作错误和其他错误扣分（或一名裁判员和一名副裁判长对运动员同一动作错误和其他错误扣分）的累计之和即为动作质量的应扣分，用动作质量分值减去应扣分，即为运动员动作质量的应得分。

2. 演练水平应得分的确定

B组中2名裁判（含裁判长）对套路劲力、节奏、音乐示出的等级分数的平均值减去另外2名套路编排错误扣分的累计（2人同时对同一错误的扣分点只计1次）之和，即为运动员的演练水平应得分，应得分可取到小数点后2位数，第3位数不做四舍五入。

3. 难度应得分的确定

C组2名裁判员，1名副裁判长评分时，2名以上对运动员同一动作难度和连接难度确认分数的累计之和为运动员的难度应得分。

C组3名裁判员，1名副裁判长评分时，2名裁判员对运动员同一动作难度和连接难度确认（或1名裁判员和1名副裁判长对运动员同一动作难度和连接难度确认）分数的累积之和为运动员的难度应得分。

（二）对练、传统拳术、传统器械、集体项目

动作质量的应得分和演练水平应得分之和即为运动员（队）的应得分数。

1. 动作质量应得分的确定

A组2名裁判员，1名副裁判长评分时，2名以上对运动员同一个动作错误和其他错误扣分的累计之和即为动作质量的应扣分，用动作质量分值减去应扣分，即为运动员动作质量的应得分。

A组3名裁判员，1名副裁判长评分时，2名裁判员对运动员同一动作错误和其他错误扣分（或1名裁判员和1名副裁判长对运动员同一个动作错误和其他错误）的累计之和即为运动员的应扣分，用动作质量分值减去应扣分即为运动员动作质量的应得分。

2. 演练水平应得分的确定

B组2名裁判员，1名副裁判长评分时，取3个分数的平均数为运动员的演练水平应得分，应得分可以取到小数点后第2位数，第3位数不做四舍五入。

B组3名裁判员，1名副裁判长评分时，取中间2个分数的平均数为运动员的演练水平应得分，应得分可取到小数点后第2位数，第3位不做四舍五入。

四、最后得分的确定

裁判长从运动员的应得分中减去“裁判长的扣分”，加上创新难度的加分即为运动员的自选项目的最后得分；裁判长从运动员的应得分中减去“裁判长的扣分”即为运动员对练、传统拳术、传统器械和集体项目、无难度组别要求的竞赛项目的最后得分。

五、裁判长的加分和扣分

（一）裁判长执行对比赛中被确认完成的创新难度的加分。

（二）裁判长执行对比赛中套路时间不足或超出规定的扣分

1. 完成集体项目、太极拳、太极剑套路不足或超出规定时间在 5 秒以内（含 5 秒），扣 0.1 分；在 5 秒以上 10 秒以内者（含 10 秒），扣 0.2 分，以此类推。

2. 自选长拳、南拳、剑术、刀术、枪术、棍术、南刀、南棍、传统拳术、传统器械套路不足规定时间在 2 秒以内者（含 2 秒），扣 0.1 分；在 2 秒以上 4 秒以内者（含 4 秒），扣 0.2 分，以此类推。

六、裁判员的示分

自选项目 A 组裁判所示分数可到小数点后 1 位数；B 组、C 组裁判所示分数可到小数点后 2 位数。

对练、传统拳术、传统器械、集体、无难度组别要求项目 A 组裁判所示分数可到小数点后 1 位数；B 组裁判所示分数可到小数点后 2 位数，第 3 位数不做四舍五入。

>>> 练习与思考

1. 武术比赛按年龄如何进行分组？
2. 武术自选套路比赛中如何确定运动员的应得分数和最后得分？
3. 武术比赛中如何判定运动员个人单项的名次？
4. 武术比赛中长拳、太极拳、集体项目时间不足或超出时如何进行扣分？

第三节　武术散打比赛规则与裁判法简介

现行的武术散打竞赛规则分国际性比赛使用的《国际武术散打竞赛规则》和国内锦标赛使用的《武术散打（散手）竞赛规则》。国内散打锦标赛使用的武术散打竞赛规则是根据接轨国际比赛的精神，同时顾及国内散打运动发展的现状，于 2004 年由中国武术协会汇集国内武术散打界著名学者、专家、裁判员、教练员共同修订完成的，分为《武术散打（散手）竞赛规则》和《武术散打（散手）竞赛裁判法》两部分。以下介绍的是国内锦标赛使用的《武术散打（散手）竞赛规则》和《武术散打（散手）竞赛裁判法》。

一、武术散打竞赛规则简介

本规则共分 9 章 32 条，对于竞赛的性质和办法、评分方法作出了具体的规定和要求。为了方便了解武术散打竞赛规则的基本要求，以下从三个方面进行简要介绍。

（一）竞赛的一般常识

1. 散打的竞赛性质包括团体比赛、个人比赛。竞赛办法有循环赛、淘汰赛。每场比赛采用三局两胜制，每局净打 2 分钟，局间休息 1 分钟。

2. 资格要求：运动员必须携带《运动员注册证》及体格检查证明，参加比赛的人身保险证明；运动员的年龄，成年运动员限在 18～35 周岁；青少年运动员限在 15～18 周岁。

3 体重级别分为：48 公斤级、52 公斤级、56 公斤级、60 公斤级、65 公斤级、70 公斤级、75 公斤级、80 公斤级、85 公斤级、90 公斤级、90 公斤以上级，共 11 个级别。

4. 服装护具：运动员必须穿戴大会指定的拳套、护头、护齿、护胸、护裆、护腿、赤脚穿护脚背。穿与比赛护具颜色相同的背心和短裤，护裆必须穿在短裤内；护具分红、黑两种；65 公斤级及以下级别的拳套为 230 克，70 公斤级及以上级别的拳套为 280 克。

5. 运动员必须经过统一称量体重、抽签等相关程序后，方可按大会编排的比赛秩序参加比赛。

6. 竞赛中的礼节：比赛开始前，运动员应向观众、对手行抱拳礼；宣布结果时，运动员交换站位；宣布结果后，运动员应先后向对手、向台上裁判员、向对方教练员行抱拳礼。

7. 弃权：比赛期间，运动员因伤病或实力悬殊，教练员可举弃权牌表示弃权，运动员也可举手要求弃权。

8. 比赛时教练员和本队队医可以坐在指定位置上给运动员进行临场指导，局间休息时允许给运动员按摩，但不得输氧。

9. 赛场执行裁判人员的组成：总裁判长 1 人，副总裁判长 1～2 人。裁判长、副裁判长、台上裁判员、记录员、计时员各 1 人。边裁判员 3 人或 5 人。

10. 台上裁判员根据规则用口令和手势指挥运动员进行比赛，判定运动员倒地、下台和犯规、消极、强制读秒、临场治疗等有关事宜，宣布每场比赛结果。

11. 比赛胜负的判定：每局比赛结束，3 名或 5 名边裁判员根据裁判长信号，同时显示评判结果，裁判长依据结果判定该局胜方。一场比赛一方先胜两局，为该场胜方。

12. 例外的胜负判定：一局比赛中，一方两次下台或被强制读秒两次，判另一方为该局胜方；比赛中台上裁判员认为双方实力悬殊，在征得裁判长同意后可判强者为优势胜利；一场比赛中，一方被重击（侵人犯规除外）倒地不起达 10 秒，或虽能站立但知觉失常，判对方优势胜利；一场比赛中，被强制读秒（侵人犯规除外）达3次，判对方为优势胜利。

（二）得分标准与判罚

1. 禁击部位：后脑、颈部、裆部。

2. 得分部位：头部、躯干、大腿。

3. 禁用方法：头、肘、膝和反关节的动作进攻对方；迫使对方头部先着地的摔法或有意砸压对方；用任何方法攻击主动倒地方的头部和被动倒地方。

4. 得2分：一方倒地，站立者得2分；一方下台，另一方得2分；用腿法击中对方头部、躯干部位者得2分；用主动倒地的动作致使对方倒地，而自己顺势站立者得2分；被强制读秒一次，对方得2分；受警告一次，对方得2分。

5. 得1分：用手法击中对方头部、躯干部位者，得1分；用腿法击中对方大腿者，得1分；先后倒地，后倒地者得1分；运动员消极，被指定进攻后8秒内仍不进攻，对方得1分；主动倒地超过3秒不起立，对方得1分；受劝告一次，对方得1分。

6. 不得分：方法不清楚，效果不明显；双方下台或同时倒地；抱缠时击中对方；用方法主动倒地，对方不得分。

7. 技术犯规：消极搂抱对方；处于不利状况时举手要求暂停；比赛中对裁判员有不礼貌的行为或不服从裁判；有意拖延比赛时间；上场不戴或有意吐落护齿，松脱护具；运动员不遵守礼节。

8. 侵人犯规：在口令“开始”前或喊“停”后进攻对方；击中对方禁击部位；用禁用的方法击中对方。

9. 罚则：每出现一次技术犯规，劝告一次；每出现一次侵人犯规，警告一次；侵人犯规达3次，取消该场比赛资格；运动员故意伤人，取消比赛资格，所有成绩无效；运动员使用违禁药物，或局间休息时输氧，取消比赛资格，所有成绩无效。

10. 暂停比赛：运动员倒地（主动倒地除外）或下台时，运动员犯规受罚时，运动员受伤时，运动员相互抱缠没有进攻动作或无效进攻超过2秒时，运动员主动倒地超过3秒时，运动员举手要求暂停时，裁判长纠正错判、漏判时，处理场上问题或发现险情时，因灯光、场地等客观原因影响比赛时，被指定进攻超过8秒仍无进攻等情况时，应暂停比赛。

（三）比赛场地和器材

1. 比赛场地：比赛场地为高80厘米、长800厘米、宽800厘米的擂台，台面上铺有软垫；软垫上有盖单；台中心画有直径120厘米的中国武术协会的会徽。台面边缘有5厘米宽的红色边线；台面四边向90厘米处画有10厘米宽的黄色警戒线。台下四周铺有高30厘米、宽200厘米的保护软垫。

2. 器材：比赛须配备摄像机2台，放像机1台，电视机1台以及电子评分系统一套。

二、武术散打竞赛裁判法简介

裁判法是依据《武术散打竞赛规则》编写的，规则的基本精神是：保护运动员的安全；促进散打技术发展；保证公正、公平的竞赛原则。为了保证竞赛规则基本精神的准确和有效落实，裁判法的制定就是对竞赛规则的具体细化和实际操作指导。以下是对比赛时台上裁判员进行实时判罚的规则条款，依据《武术散打竞赛裁判法》进行的评判方法解释。

1. 净打2分钟：指每局比赛除暂停之外的实际比赛时间。当开表时间累计达到2分钟时，鸣锣通告一局比赛结束。

2. 用迫使对方反关节的动作攻击对方：指采用方法固定对方关节前端并击打、拧扳或迫使其关节超出正常活动范围的攻击动作。

3. 迫使对方头部先着地的摔法：指在使用摔法过程中，控制住对方的身体，强迫对方头部先着地，有意伤害对方。

4. 有意砸压对方：指对方倒地时，顺势用身体的某一部位再次加力于对方身体的某一部位，以达到使对方丧失战斗力的目的。

5. 读秒：读8秒——台上裁判员在读秒过程中，运动员已举手示意可继续比赛，但仍须读完8秒后再继续进行比赛；读10秒——台上裁判员在读秒过程中，运动员没有示意要求继续比赛，或虽已示意可以比赛，但发觉其知觉不正常时仍须读到10秒，一旦读到10秒，则表示该场比赛已经结束。

6. 消极8秒：是指台上裁判员用“指定进攻”的手势指定一方运动员进攻后，该运动员在8秒钟后仍不进攻的行为。

7. 倒地：是指除两脚以外的任何身体部位支撑了台面。

8. 主动倒地：指两脚以外的其他身体部位需要先支撑台面后才能使用让对手倒地的方法或使用方法后必须倒地的进攻方法。

9. 主动倒地超过3秒：指使用主动倒地动作进攻没有击倒对方，或使用主动倒地进攻动作时被对方反击所迫不能在3秒钟内迅速站立。

10. 击中：指运动员使用允许的方法击打到对方的得分部位后产生相应的效果。一般从以下4个方面进行判定：看进攻，进攻动作清晰、击中点准确；看防守，击中时没有相应的防守动作或击中在先而防守动作在后；看位移，击中后产生的位移现象；听声音，击中对方后发出清脆或沉闷的响声。

11. 下台无效：一方下台时，另一方虽在台上但没有与台下运动员身体的某一部位脱离，均被视为无效。

12. 抱缠时击中对方不得分：指一方运动员抱住另一方运动员后，或者在双方互相搂抱的过程中击打对方，尽管是有效部位但仍不予计分。

13. 消极搂抱：指为了达到不让对手进攻或反击的目的，而一味采取抱缠的行为。

14. 每局胜负判定：边裁判员用色别标志（色别灯、色别牌）表示胜负结果，红色或黑色多者为胜方。

>>> 练习与思考

1. 武术套路比赛中如何确定运动员的应得分数和最后得分？

2. 武术比赛中各组裁判的职能是什么？

3. 武术比赛中长拳、太极拳、集体项目时间不足或超出时应如何进行扣分？

4. 武术自选套路比赛中如何对动作质量进行评分？

第八章　武术运动的医务监督

内容提要

本章较详细地阐述了武术教学、训练、比赛期的医务监督，常见的运动性疾病和处理方法、运动损伤与处理方法，为武术教学和比赛提供了同步的理论指导。

第一节　武术运动训练和比赛期的医务监督

运动训练和比赛期的医务监督的目的是为了保障运动员能在不致伤、致病的前提下，最大限度地发挥运动技能。一般有主观感觉和客观检查两个方面。

一、主观感觉

指运动员在训练和比赛期间对自身的健康状况、身体反应、功能状况及比赛成绩进行记录和分析。自我监督是间接评定运动负荷大小、预防运动性伤病及早期发现过度训练的有效措施，是调整训练计划的重要依据。

二、客观检查

客观检查一般是指对运动员运动前后的脉搏、体重、运动成绩的检查。还可根据专项特点，定期测定背力、握力、肺活量、呼吸频率等生理指标。在比赛期间如发现运动员身体有异常情况时，应做进一步特殊检查，如血常规、肝功能、血液生化、尿常规、心电图等。在比赛结束后要询问运动员的自我感觉，观察其机体的恢复状况。如发现异常应分析原因并及时处理。

第二节　武术运动常见的运动性疾病和处理方法

无论是武术的套路运动还是对抗性运动，在教学与训练时，身体会不同程度地产生一系列的运动性疾病，了解和掌握产生这些运动性疾病的原因及处理方法，对科学地指导训练，提高武术竞技运动水平有一定的现实意义。

常见的运动性疾病有以下几种：

一、肌肉酸痛

（一）产生的原因

初次进行武术训练或者长时间停训后进行恢复训练时，由于运动量较大，使得肌肉中的血乳酸堆积过多而引起局部肌肉的酸痛。

（二）处理的方法

肌肉酸痛的原因是血乳酸的堆积，解除酸痛的根本方法是解决血乳酸的堆积，常用的方法有按摩、热敷，使局部地区的血液循环及代谢过程加快，从而加速血乳酸的分解，达到缓解、解除肌肉疼痛。

二、肌肉痉挛

肌肉痉挛是指肌肉不自主的强直收缩，俗称“抽筋”。是肌肉发生不自主的强直收缩所显示出的一种现象。

（一）产生的原因

引起肌肉痉挛的原因很多，主要有以下几个方面：

1. 寒冷刺激

在寒冷的环境里运动，肌肉受冷空气的刺激，其兴奋性突然增高，使肌肉发生强直性收缩发生痉挛。

2. 电解质丢失过多

运动中大量排汗，特别是高温环境中长时间剧烈运动和大量排汗，使得体内的电解质随汗液大量丢失，造成体内电解质过低，引起肌肉兴奋性增高而发生痉挛。有时运动员进行急性减体重时也会出现肌肉痉挛。

3. 肌肉连续过快收缩，放松不充分

在训练和比赛中，肌肉连续过快地收缩，而放松时间太短，使得肌肉收缩与放松的协调性发生紊乱，引起肌肉兴奋性增高而发生痉挛。

（二）处理的方法

不太严重的肌肉痉挛，只要以相反的方向牵引痉挛的肌肉，一般都可使其缓解。例如，小腿腓肠痉挛时，可取坐位或仰卧位，伸直膝关节，缓慢用力地将足部背伸。但牵引过程中切忌猛力，用力宜均匀、缓慢，以防肌肉拉伤。严重的肌肉痉挛，有时需采用麻醉才能缓解。

三、运动性腹痛

腹疼是运动过程中常见的一种症状，可由多种原因引起，常在运动过程中或运动结束时发生。在武术训练时，一般出现在耐力训练时，以右上腹痛为多见。

（一）产生的原因

运动性腹痛约有 1/3 的人查不出原因，只是与运动有关；有的是由于腹腔内疾病和腹腔外疾病引起的。一般情况与下列因素有关：

1. 准备活动不充分，运动过于激烈，内脏器官的功能不能适应运动的需要，造成内脏功能平衡失调，引起腹痛。

2. 训练前吃的过饱或空腹状态下参加剧烈训练和比赛，也可能因刺激肠胃而引起腹痛。

3. 呼吸肌痉挛也会造成运动性腹痛，其发生可能是由于训练时未能注意呼吸节律与动作的配合，而生成肋间肌、隔肌等呼吸肌收缩紊乱，进而引起腹疼。

（二）处理的方法

1. 对因腹腔内外疾病的引起的腹痛，首先要根据原发疾病进行相应的治疗。

2. 对于准备活动不充分，运动过于激烈，内脏器官的功能不能适应运动的需要，造成内脏功能平衡失调，引起的腹痛，应暂停运动，作适当的休息。

3. 对于因呼吸肌痉挛造成的运动性腹痛，可暂停运动，作适当的休息。并口服一些阿托品之类的药物。

四、运动性昏厥

（一）产生的原因

运动性昏厥指的是在运动中突然出现休克的现象，产生的原因一般有以下两种情况：

1. 空腹进行训练，血糖含量较低，造成能量供应不足而引起头昏以至于休克。

2. 由于大强度长时间的训练，使大量的血液滞留在下肢，回心血量不足，造成脑部暂时性供血不足所致。如有先天性疾病则另当别论。

（二）处理的方法

把运动员即刻放于阴凉处平卧，足高于头，点按人中、百会、合谷等穴位，同时由小腿向大腿、心脏方向按摩，必要时立即送医院。

五、运动性中暑

（一）产生的原因

运动性中暑是指肌肉运动时产生的热超过身体散发的热而造成运动员体内的过热状态。

（二）处理的方法

1. 场地现场急救时，要保持患者呼吸道通畅，进行物理降温，用 4～11

度的冷水按摩皮肤。

2. 严重者要及时送医院抢救。

六、过度训练

（一）产生的原因

过度训练是指运动员训练不当造成的运动性疾病之一，目前尚无明确的定义，多数人认为它是一种生理反应综合征。其产生的原因有：

1. 训练内容、强度安排不合理：运动员的身体长时间处于一种超负荷状态，同时得不到充分的休息和调理，以至于破坏了运动员体内自身的稳定，造成身体的过度疲劳。

2. 生活规律破坏，营养膳食不合理：一方面，运动员由于赛事过多，身体得不到充分的休息，特别当睡眠不好时，其固有的生活规律被破坏；另一方面，由于过度劳累造成人的食欲下降，消耗的物质得不到及时的补充，致使体力消耗过大，时间一长便引发成为过度训练。

3. 各种心理因素的影响：当运动员由于精神上的打击、感情上的挫折、竞赛屡屡失败、学习训练不顺心时，也是造成过度训练的诱发原因。

（二）处理的方法

从过度训练的发病原因上看，运动负荷、运动强度过大是造成过度训练的主要原因，因此，对过度训练的处理应包括以下几方面：

1. 调整训练的内容，改变训练方法。

2. 重视和加强运动后的恢复措施。

3. 注意加强营养，食物中应有充足的维生素和矿物质，保持热能平衡。

4. 对于心理方面的问题，要消除病因，对症治疗。

第三节　武术运动训练中常见的运动损伤与处理方法

人体在体育运动过程中所发生的损伤称为运动损伤。武术运动由于自身的运动特点，其发生损伤的概率还是较大的，因此，无论对学生还是老师来说，了解掌握武术运动训练中常见的运动损伤，对参加武术运动的学习与训练具有重要的现实意义。

一、擦伤

（一）产生的原因

擦伤是指皮肤受到外力摩擦所致。武术教学与训练时，在练习扑地动作时，因为场地或技术原因，在落地瞬间身体某部位与地面发生摩擦导致擦伤。

进行散打的抱摔和对练时，由于用力过猛也经常造成擦伤、出血，在器械对练中，由于注意力不集中或配合不够默契，也会出现划伤和刺伤等。

（二）处理的方法

1. 皮肤组织被擦破出血或有组织液渗出。创口较浅、面积小的擦伤，一般用生理盐水清洁伤口，创口周围用医用酒精消毒，局部擦以红汞或紫药水，无须包扎，让其暴露在空气中干后即可。

2. 关节附近的擦伤，因干裂易影响关节运动，一旦发生感染，也易波及关节。因此，关节附近的擦伤经消毒处理后，多采用消炎软膏或抗菌软膏涂抹，并用无菌下敷料覆盖包好。

3. 创口里有异物时，须用生理盐水冲洗干净，创口用双氧水消毒，创口周围用医用酒精消毒后用凡士林纱布覆盖创口并包扎。如创口较深，须注射破伤风抗毒血清，并给予抗生素治疗。

二、撕裂伤

（一）产生的原因

撕裂伤是指头部皮肤受到外力碰撞所致，武术运动项目中的对抗性运动，运动员在进行激烈的对抗时其眉弓被对手碰撞后极易造成撕裂。

（二）处理的方法

1. 若撕裂伤口较小，经消毒处理后，用黏膏或创可贴粘合即可。

2. 若撕裂伤口较大，则须止血，缝合伤口，并根据情况射破伤风抗毒血清，和给予抗生素治疗。

三、挫伤

挫伤是钝性暴力直接作用于人体某处而引起的局部或深层软组织的急性闭合性损伤。这种损伤在武术运动的对抗性运动中最为常见。

（一）产生的原因

1. 由于抗打能力不强，防守不当，被对手踢中造成挫伤。

2. 由于抗打能力不强，攻击对手时，被对手格挡时发生碰撞造成挫伤。

（二）处理的方法

1. 对于单纯挫伤，伤后立即停止运动，对伤部进行冷敷、加压包扎、抬高伤肢。有条件可外敷新伤药或活血消肿的草药，内服云南白药等。受伤 24 小时以后可进行按摩、热敷和理疗。

2. 对于复杂性的挫伤，伴有休克症状时，首先进行休克处理。同时，急送医院治疗。

四、肌肉拉伤

（一）产生的原因

1. 在武术教学与训练中，肌肉拉伤较为普遍。肌肉拉伤分为主动用力拉伤（肌肉做主动的猛烈收缩时，其收缩力超过了肌肉本身的承担能力所致，如腾空、跳跃、踢腿时引起的肌肉拉伤等）和被动拉伤（肌肉受外力牵拉时，超过了肌肉本身的伸展限度所致，如压腿、劈叉时引起的大腿后群肌拉伤），肌肉拉伤属于急性闭合性软组织损伤，多发生在大腿后肌群、腰背肌、小腿三头肌、大腿内收肌群等。

2. 在武术教学与训练前，准备活动不够充分或长时间训练和比赛，身体极度疲劳，造成注意力不够集中，在训练和比赛稍不注意时便可造成肌肉拉伤。

（二）处理的方法

1. 肌肉微细损伤可少量肌纤维撕裂时，即刻冷敷、局部加压包扎、适当限动，24 小时后可进行按摩、热敷和理疗。

2. 疑有大部分肌纤维撕裂或完全断裂时，即刻局部加压包扎，固定伤肢，迅速将伤者送往医院进行治疗。

五、关节韧带损伤

当关节由于外力的作用，使关节出现超正常范围的异常活动，造成韧带不能承受过高的张力而产生的损伤。武术运动中常发生的部位有踝关节、膝关节、腕关节、肩关节、肘关节和脊柱椎间小关节。

（一）产生的原因

1. 突然倒地，双手撑地时，由于腕关节承受不了自身体重与向下的惯性，易发生腕关节损伤。

2. 由于运动时不甚踩到地毯的接缝时，使踝关节产生内（外）翻，造成踝关节内侧副韧带损伤。

3. 做高难度旋转动作时，由于技术环节出错或是体力不够时极易造成落地时膝关节的损伤。有时还伴有腕关节、肘关节的损伤。

（二）处理的方法

1. 伤势不重时，受伤后及时进行冷敷，加压包扎，适当抬高伤肢，减少出血和肿胀；24 小时后可进行按摩、热敷和理疗。

2. 损伤较为严重时，即刻局部加压包扎，固定伤肢，迅速将伤者送往医院进行治疗。

3. 伤愈后注意加强各关节韧带的力量训练，提高技战术水平。

六、脑震荡

脑震荡是颅脑损伤中最轻的一种急性闭合性损伤。一般是指头部遭受钝性暴力打击或摔倒头部着地所致。

（一）产生的原因

1. 在武术运动的对抗性项目中，两人在相互对抗时头部被对手重拳或腿击中，或是被对手使用摔法，头部直接着地，使颅脑损伤。

2. 在武术运动的教学与训练时，做跳跃动作时，不小心摔倒造成颅脑损伤。

（二）处理的方法

一旦出现颅脑损伤，严重时运动员会即刻产生恶心、呕吐现象，急救时，必须让伤员平卧、保暖，不可随意搬动伤员，昏迷不清醒者，可掐人中、百会、合谷等穴位使之苏醒，并迅速将伤者送往医院进行治疗。

附录　体育高考武术专项评分标准

表一　武术专项素质评分标准

项　目	技术要求	评分标准	分值	合计
握杆转肩	两手对握，以肩为轴，同时由前向后转至身后再返回至体前，转动时两手不得松动	1. 两手相距与肩同宽 2. 两手相距超过肩宽 10 厘米 3. 两手相距超过肩宽 15 厘米 4. 两手相距超过肩宽 20 厘米	4 分 3 分 2 分 1 分	4 分
仆步抡拍	由仆步一手拍地开始，上轮臂要贴耳，下轮臂要贴腿，左右交替进行，每击拍地面为一次	9 次 10 秒 7 次 5 次	3 分 2 分 1 分	3 分
正踢腿（左、右）	原地站立，一脚支撑，另一腿脚尖勾起连续向前额猛踢，每次脚尖必须过肩	14 次 10 秒 12 次 10 次	3 分 2 分 1 分	6 分
正压腿（左、右）	一脚放在一定高的物体上，两腿伸直，支撑脚脚尖向前，上体直体前压，前额触及脚尖	1. 前额触及脚尖 2. 前额与脚尖相距 10 厘米 3. 前额与脚尖相距 20 厘米	3 分 2 分 1 分	6 分
竖劈叉（左、右）	两腿前后伸直，劈开成一条直线，后脚脚背着地，臀部与大腿内侧贴紧地面	1. 臀部与大腿内侧贴紧地面 2. 臀部与大腿内侧与地面相距 10 厘米 3. 臀部与大腿内侧与地面相距 20 厘米	3 分 2 分 1 分	6 分
腾空飞脚	摆动腿屈膝控腿，起跳腿上摆伸直，脚面绷平，脚高过胸，要求跳得高，拍得准，拍得响。	击响时脚高过胸，且右脚先落地 击响时脚高过腰，且右脚先落地 击响与落地同时，且左脚先落地	3 分 2 分 1 分	3 分

表二　武术专项套路评分标准

项　目	要　　求	标　准	分　值	合　计
拳　术	姿势正确、方法清楚 动作协调、劲力顺达 精神贯注、节奏分明 内容充实、特点突出	优秀 良好 中等 及格 不及格	6分 5分 4分 3分 2分	6分
器械	姿势正确、方法清楚 身械协调、力点准确 精神贯注、节奏分明 内容充实、特点突出	优秀 良好 中等 及格 不及格	6分 5分 4分 3分 2分	6分

参 考 资 料

1. 旷文楠. 中国武术文化概论. 成都：四川教育出版社，1990 年
2. 温力. 中国武术概论. 北京：人民体育出版社，2005 年
3. 蔡仲林，周之华. 武术. 北京：高等教育出版社，2005 年
4. 唐波. 武术. 北京：北京师范大学出版社，2007 年
5. 体育学院普修通用教材. 武术. 北京：人民体育出版社，1999 年
6. 体育系通用教材. 武术. 北京：人民体育出版社，1985 年
7. 左文泉. 武术教学与训练指南. 昆明：云南美术出版社，2006 年
8. 赵大元. 实用擒拿学. 北京：人民体育出版社，2008 年
9. 李德祥. 警察擒拿格斗. 北京：群众出版社，2008 年
10. 公安部边防管理局. 公安边防部队擒敌术教材. 公安海警学院印刷厂，2009 年
11. 肖进顺. 周易与针灸学. 北京：人民军医出版社，2007 年
12. 黄玮. 祖传点穴解穴疗伤秘诀. 长沙：湖南科学技术出版社，2006 年
13. 黄鑫. 实用格斗一百零八法. 北京：北京体育出版社，1992 年
14. 杨世良. 制敌绝招——军警格斗与擒拿. 昆明：云南人民出版社，1992 年
15. 陈伟. 反制求生. 北京：解放军出版社，2008 年
16. 肖作洪，曾亦菡．点苍擒拿八法．北京：北京师范大学出版社，2011
17. 肖进顺．周易与针灸学．北京：人民军医出版社，2007
18. 黄玮．祖传点穴解穴疗伤秘诀．长沙：湖南科学技术出版社，2006